현지 뉴스로
독해 실력 키우는

뉴스와 중국어

저자 김정희·조동매·유선영

시사중국어사

현지 뉴스로 독해 실력 키우는

뉴스와 중국어

초판발행	2016년 3월 10일
1판 4쇄	2023년 8월 20일
저자	김정희, 조동매, 유선영
편집	최미진, 연윤영, 엄수연, 高霞
펴낸이	엄태상
디자인	이건화
콘텐츠 제작	김선웅, 장형진
마케팅본부	이승욱, 왕성석, 노원준, 조성민, 이선민
경영기획	조성근, 최성훈, 김다미, 최수진, 오희연
물류	정종진, 윤덕현, 신승진, 구윤주
펴낸곳	시사중국어사(시사북스)
주소	서울시 종로구 자하문로 300 시사빌딩
주문 및 문의	1588-1582
팩스	0502-989-9592
홈페이지	http://www.sisabooks.com
이메일	book_chinese@sisadream.com
등록일자	1988년 2월 12일
등록번호	제300-2014-89호

ISBN 979-11-5720-039-9 13720

* 이 책의 내용을 사전 허가 없이 전재하거나 복제할 경우 법적인 제재를 받게 됨을 알려 드립니다.
* 잘못된 책은 구입하신 서점에서 교환해 드립니다.
* 정가는 표지에 표시되어 있습니다.

머리말

현대화와 개혁개방을 거쳐 21세기의 경제대국으로 성장한 중국은 이제 우리나라 뿐만 아니라 전 세계에 큰 영향을 미치는 나라가 되었다. 이는 최근 중국 경제의 둔화에 대해 그동안의 급속 성장 못지않게 세계 각국에서 다양한 해석과 반응을 나타내는 것에서도 알 수 있다.

이러한 사회적 관심사가 있는 새로운 사실을 다루는 뉴스와 신문은 언제·어디서·누가·왜·무엇을·어떻게라는 형식으로 구성되어 있어 외국어 학습과 교육에 있어 중요한 역할을 담당해 왔다. 이에 본 교재는 중국 관련 뉴스 기사를 통해 중국어를 습득하면서 중국과 중국 사회에 대한 이해를 높일 수 있도록 구성하였다.

저자들은 여러 차례에 걸친 논의를 통해, 뉴스 중에서도 일반적으로 관심도가 높은 한류·건강·기후·여행·교통·경제·체육·외교·교육·청년·인구·여성 등으로 주제를 선정하고, 오랜 시간에 걸쳐 기사를 선편하였다. 그러나 선편된 기사의 해설 작업을 마치자마자, 중국 정부의 정책이 달라지거나 이슈가 달라지기도 하여 뉴스의 특성상 다시 작업을 해야 하는 과정을 여러 차례 거치면서 새삼 뉴스 교재 편성의 어려움을 겪기도 하였다.

본 교재의 원문은 중국 중앙기관지인 〈人民网〉, 국무원 산하의 통신사인 〈新华网〉, 중국 내에서 가장 많이 발행되는 〈参考消息网〉, 타이완 전문 소식지인 〈台海网〉을 비롯하여 중국의 다양한 언론 매체에서 시사성이 높은 관련 기사를 선편하고, 효율적 학습을 위해 부분적으로 삭제하거나 수정하였다.

본 교재는 매 과마다 2편의 주제를 중심으로 핵심 구문, 내용 짐작하기, 본문, 어휘, 상용 구문, 관련 어휘, 연습 문제, 실력 보태기 등으로 편성하였다. 본 교재에서는 특히 〈내용 짐작하기〉를 두어 관련 뉴스에 대한 깊이 있는 해설을 통해 학습자의 이해를 도울 수 있도록 하였다. 그리고 교재만으로도 중국어 학습이 가능하도록 페이지마다 새로운 어휘의 단어들을 수록하고, 청취 연습을 할 수 있도록 전문 성우의 녹음 음원파일을 다운로드 할 수 있도록 하였다.

뉴스는 시사성에 따라 매일매일 새로운 뉴스가 보도되므로 교재 한 권 안에 모든 주제와 관련 표현을 다 포괄할 수는 없다. 그러나 뉴스는 주제마다 어휘와 표현의 전형성이 있으므로 이 교재를 통해 학습자가 중국어 독해와 청취 능력을 향상시키고, 중국사회에 대한 이해 증진을 통해 진정한 중국전문가와 중국통으로 성장하는 데 도움이 될 수 있다면, 저자들이 편찬 과정에서 겪은 어려움 조차도 큰 보람이 될 수 있을 것이다.

끝으로 이 자리를 빌어 서로 다른 환경에서 교육과 연구로 바쁜 가운데도 공동작업을 함께 해주신 두 교수님께 진심으로 감사드리며, 교재가 나오기까지 함께 공부했던 학생들과 중국어 학습자를 위해 새로운 제안을 거듭하며 좋은 교재를 만들기 위해 애쓰신 시사중국어사 관계자에게도 감사의 말을 전한다.

2016년 2월
저자들을 대표하여 김정희 씀

목차

머리말 03 | 차례 04
이 책의 구성 06 | 강의계획표 08

01 건강 如何降低患癌率？运动、戒酒、戒烟、健康饮食 10
암에 걸릴 확률을 어떻게 낮출 것인가? 운동·금주·금연·건강한 식사

> **실력 보태기** 健康饮食应当遵循四个原则 건강한 식사는 4가지 원칙을 지켜야

02 여성 望奎1500余名妇女通过家政培训实现就业 20
왕쿠이 지역 부녀자 1,500여 명, 가사관리 양성과정 통해 취업 실현

> **실력 보태기** 台湾女性就业受重视，劳动参与率渐提升
> 타이완, 여성 취업이 중시되면서 노동 참여율도 점차 상승

03 인구 中国全面放开二孩，'70后'受益最大 30
중국 '두 자녀 정책' 전면 완화, '70허우'가 최대 수혜자

> **실력 보태기** 二胎放开蕴藏千亿增量市场 두 자녀 정책 완화에 천 억 시장 확대

04 외교 第十次中日韩外交高官磋商在韩国举行 40
제10차 한중일 외교 고위급 회의 한국에서 개최

> **실력 보태기** 汪洋访问韩国与韩国总统朴槿惠会见
> 왕양, 한국 방문해 한국의 박근혜대통령과 회견

05 경제 中国经济发展速度持续放缓 50
중국 경제 발전 속도 침체 지속

> **실력 보태기** 韩国东海岸圈经济自由区域投资环境推介会举行
> 한국 동해안권 경제자유구역 투자환경 설명회 개최

06 체육 提高体育课质量增强学生体质 60
체육 과목의 질 높여 학생의 체력 증강

> **실력 보태기** 反腐终结中国对金牌痴迷，大众体育将获益
> 부패척결로 중국의 금메달 강박 벗어나면 대중체육 이익 커져

07 한류 去年〈爸爸去哪儿〉火了，今年〈花样爷爷〉要红 70
작년엔〈아빠 어디가〉열풍, 올해는〈꽃보다 할배〉인기 기대

실력 보태기 '韩流'疯狂何时休? '한류' 열광, 언제 멈출까?

08 여행 文明旅游需要教育和制度并行 80
교양 있는 여행도 교육과 제도의 병행 필요해

실력 보태기 韩国人海外旅行人均支出近万元　最想去巴黎和美国
한국인 해외여행자 평균 지출은 1만 위안에 달하고, 파리와 미국을 가장 선호

09 기후 国务院拟规定严重雾霾时政府可责令停产限行 90
국무원 심각한 스모그 발생시 정부가 생산중단과 운행제한 할 수 있는 법규 제정 예정

실력 보태기 中秋天气晴好　早晚依然清凉 중추절 날씨 쾌청, 아침저녁은 여전히 선선

10 교통 春运今日正式开始　11日-17日迎客流高峰 100
설날 인구대이동 오늘 정식 시작, 11일-17일 사이 승객 유동 최고 절정

실력 보태기 北京正研究地铁上设女性专用车厢 베이징시 지하철에 여성전용칸 설치 고려

11 교육 保障教育公平　政府要加大支持力度 110
교육 평등 보장 위해 정부 지원 확대해야

실력 보태기 东丰'三部曲'破解教育公平问题 둥펑의 '삼부작' 교육 평등 문제 해결

12 청년 '隐性就业'渐成90后新选择：不用朝九晚五 120
90허우 새로운 선택 '반취업상태', 오전 9시 출근, 오후 5시 퇴근할 필요 없어

실력 보태기 隐性就业背后存隐忧 '반취업상태' 뒤의 숨겨진 그늘

해석 및 정답 130

이 책의 구성

핵심 구문
이 과에서 학습할 핵심 구문에 대해 미리 보여주어 학습에 대비할 수 있다.

내용 짐작하기
이 과에서는 어떤 주제를 가진 기사를 가지고 공부할지를 미리 읽어보고 생각해볼 수 있다.

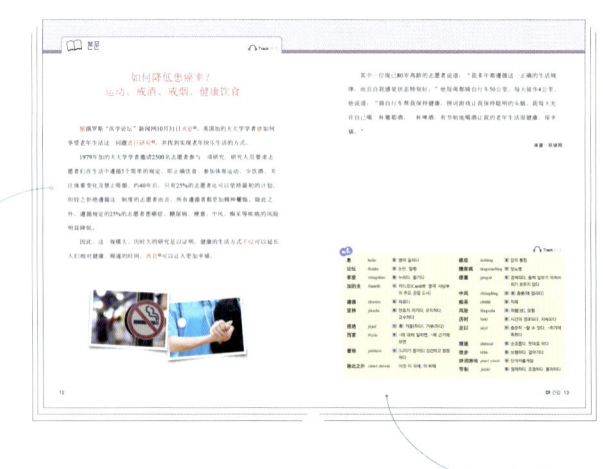

본문
각 과의 주제마다 이슈가 되는 핵심 기사를 본문으로 삼았다. 新HSK 4급 정도의 난이도에 맞춰 기사를 선별하여 쉽고도 재미있게 신문기사를 접할 수 있다.

어휘
본문에 등장한 새단어를 모아 학습에 참고할 수 있도록 하였다.

상용 구문

본문에서 뽑은 상용 구문 세 가지를 소개하고 그 쓰임에 맞게 예문을 달았다. 신문기사에 자주 등장하는 상용 구문만 알면 혼자서도 중국 신문을 읽을 수 있다!

관련 어휘

각 과의 주제와 관련된 주요 어휘, 특히 사회적 이슈가 되는 단어들을 추가로 모았다. 신문기사를 보면 쉽게 눈에 띄는 단어들이니 외워두면 큰 도움이 된다.

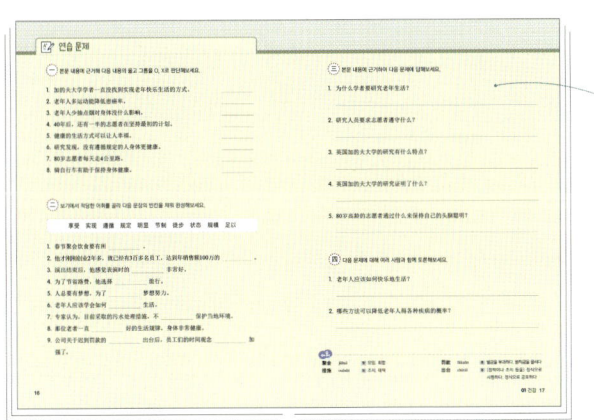

연습문제

배운 내용을 다양하게 복습할 수 있는 문제들을 실었다. 각 과의 전반적인 내용을 확인해볼 수 있는 코너이다.

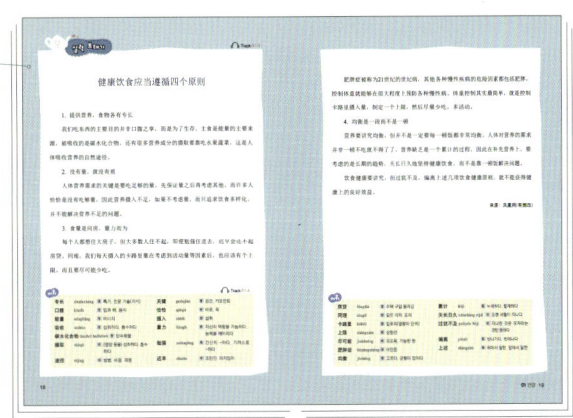

실력 보태기

조금 더 실력을 쌓아보고자 할 때 가볍게 읽어볼 수 있도록 주제에 맞는 기사를 추가로 뽑아 실었다. 본문 학습 후에 실력 점검 차원에서 읽어보고 넘어갈 수 있다.

강의계획표

DAY	본문	상용 구문
1주차	如何降低患癌率？ 运动、戒酒、戒烟、健康饮食	• 据……消息 • 就……进行研究 • 不仅……而且……
2주차	望奎1500余名妇女通过家政培训实现就业	• 通过……形式(方式) • 开展……工程 • 与……建立(合作)关系
3주차	中国全面放开二孩，'70后'受益最大	• (这)意味着…… • 推出历史舞台 • 达到……目标
4주차	第十次中日韩外交高官磋商在韩国举行	• 达成(……)共识 • 取得……进展 • 为……作出贡献
5주차	中国经济发展速度持续放缓	• 将……视为…… • ……是不可避免的 • 随着……
6주차	提高体育课质量，增强学生体质	• 对(于)……(具)有重大(重要)意义 • 提(出)……建议 • 推行……政策

DAY	본문	상용 구문
7주차	去年〈爸爸去哪儿〉火了，今年〈花样爷爷〉要红	• 从……了解到 • 有(了)明显增长 • 对记者表示
8주차	文明旅游需要教育和制度并行	• 随着……临近 • 与……(不)相符 • 从……入手
9주차	国务院拟规定严重雾霾时政府可责令停产限行	• 向……征求意见 • 建立……体系 • 实施……制度
10주차	春运今日正式开始，11日-17日迎客流高峰	• 从……获悉 • 为期…… • 与……相比
11주차	保障教育公平，政府要加大支持力度	• 加大……力度 • 采取……措施 • (对于……)起到作用
12주차	'隐性就业'渐成90后新选择：不用朝九晚五	• 突破…大关 • 成为…新的趋势 • 究其原因

01 건강

如何降低患癌率?
运动、戒酒、戒烟、
健康饮食

암에 걸릴 확률을 어떻게 낮출 것인가?
운동·금주·금연·건강한 식사

- ### 핵심 구문

  1. 据……消息 : ~의 소식에 따르면
  2. 就……进行研究 : ~에 대해 연구를 진행하다
  3. 不仅……而且…… : ~할 뿐만 아니라 ~하다

- ### 내용 짐작하기

  '고령화 사회'란 말은 이미 우리에게 낯설지 않은 단어가 되었다. 따라서 우리들은 고령화가 가져오는 각종 사회적 문제 및 그 해결 방법에 대해서 관심을 가져야 하며, 노인들이 건강하고 행복하게 노년생활을 누릴 수 있도록 해야 한다. 이러한 까닭에 정부는 노인의 생활 안정을 위한 복리제도를 규정하고 있으나 노인들도 건강 유지를 위해서는 개인적인 노력을 해야만 한다. 그렇다면 노인들이 어떻게 해야 건강을 유지하고 만년의 생활을 행복하게 지낼 수 있는지 함께 생각해 보도록 하자.

如何降低患癌率？
运动、戒酒、戒烟、健康饮食

据俄罗斯'医学论坛'新闻网10月31日消息❶，英国加的夫大学学者就如何享受老年生活这一问题进行研究❷，并找到实现老年快乐生活的方式。

1979年加的夫大学学者邀请2500名志愿者参与一项研究，研究人员要求志愿者们在生活中遵循5个简单的规定，即正确饮食、参加体育运动、少饮酒、关注体重变化及禁止吸烟。约40年后，只有25%的志愿者还可以坚持最初的计划，但较之拒绝遵循这一制度的志愿者而言，所有遵循者都更加精神矍铄。除此之外，遵循规定的25%的志愿者患癌症、糖尿病、梗塞、中风、痴呆等疾病的风险明显降低。

因此，这一规模大、历时久的研究足以证明，健康的生活方式不仅可以延长人们相对健康、顺遂的时间，而且❸可以让人更加幸福。

其中一位现已80岁高龄的志愿者说道:"我多年都遵循这一正确的生活规律,而且自我感觉状态特别好。"他每周都骑自行车50公里,每天徒步4公里。他说道:"骑自行车帮我保持健康,拼词游戏让我保持聪明的头脑。我每天允许自己喝一杯葡萄酒,一杯啤酒,有节制地喝酒让我的老年生活很健康,很幸福。"

来源:环球网

어휘

降低	jiàngdī	동 낮추다. 줄이다
患	huàn	동 병에 걸리다
论坛	lùntán	명 논단. 칼럼
享受	xiǎngshòu	동 누리다. 즐기다
加的夫	Jiādífū	지 카디프(Cardiff. 영국 서남부의 주요 공업 도시)
遵循	zūnxún	동 따르다
坚持	jiānchí	동 단호히 지키다. 유지하다. 고수하다
拒绝	jùjué	명 동 거절(하다). 거부(하다)
而言	éryán	동 ~에 대해 말하면. ~에 근거해 보면
矍铄	juéshuò	형 (나이가 들어도) 강건하고 정정하다
除此之外	chúcǐ zhīwài	이것 이 외에. 이 밖에

癌症	áizhèng	명 암의 통칭
糖尿病	tángniàobìng	명 당뇨병
梗塞	gěngsè	동 경색되다. 동맥 일부가 막혀서 피가 흐르지 않다
中风	zhòngfēng	명 동 중풍(에 걸리다)
痴呆	chīdāi	명 치매
风险	fēngxiǎn	명 위험(성). 모험
历时	lìshí	동 시간이 경과되다. 지속되다
足以	zúyǐ	부 충분히 ~할 수 있다. ~하기에 족하다
顺遂	shùnsuì	형 순조롭다. 뜻대로 되다
徒步	túbù	동 보행하다. 걸어가다
拼词游戏	pīncí yóuxì	명 단어퍼즐게임
节制	jiézhì	동 절제하다. 조절하다. 통제하다

상용 구문

01 据……消息 ~의 소식에 따르면

- 据外媒消息：伊朗核谈判相关国在谈判的第六天，就达成协议的可能性做出讨论。
  외신에 따르면, 이란 핵협상 관련국은 협상 6일째에 협의 달성의 가능성에 대해서 토론을 한다.
- 据新华社消息，中国国家主席习近平将于9月份访问美国。
  신화사 소식에 따르면, 중국 시진핑 국가주석은 9월에 미국을 방문할 예정이다.

02 就……进行研究 ~에 대해 연구를 진행하다

- 据了解，中柬双方公司一直在就有关水电合作进行研究。
  소식통에 따르면, 중국과 캄보디아 양측 회사는 계속하여 수력발전 관련 협력에 대해 연구를 진행하고 있다.
- 8月12日、13日，财政部部长楼继伟到福建就如何做好当前财政工作进行调查研究。
  8월12, 13일 재정부 부장인 러우지웨이는 푸젠(福建)에 가서 어떻게 하면 당면한 재정 업무를 완성할 수 있을지에 대해서 조사와 연구를 진행한다.

03 不仅……而且…… ~할 뿐만 아니라 ~하다

- 银杏叶泡茶治高血压？不仅不能治病而且有害！
  은행잎차가 고혈압을 치료할 수 있을까? 치료하지 못할 뿐만 아니라 해로움도 있다!
- 教师工资不仅微薄而且分配很不合理，还让我们年轻教师活命吗？
  교사 급여는 적고 또 분배가 불합리하니 우리 같은 젊은 교사들이 생계를 유지할 수 있겠는가?

外媒	wàiméi	명 외국 매체. 외신	银杏	yínxìng	명 은행나무
伊朗	Yīlǎng	지 이란(Iran)	泡茶	pàochá	동 차를 달이다. 끓이다
谈判	tánpàn	동 회담하다. 교섭하다	微薄	wēibó	형 보잘것없다. 변변찮다
柬	Jiǎn	지 캄보디아(柬埔寨)의 약칭	活命	huómìng	동 생계를 유지하다. 연명하다

14

관련 어휘

✓ 메르스(중동호흡기증후군)　**中东呼吸综合症(MERS)** [Zhōngdōng Hūxī Zōnghézhèng]
中东呼吸综合征的传染性没有SARS那么强，只是有限的人传人。
메르스의 감염성은 사스처럼 강하지 않아 일부의 사람만 남에게 옮기게 된다.

✓ 다 낫다　**痊愈** [quányù]
在中国接受治疗的韩国第10例中东呼吸综合征(MERS)患者K某当天上午痊愈出院。
중국에서 치료를 받은 한국 열 번째 메르스 환자 K씨가 이날 오전에 완전히 나아 퇴원했다.

◆ **重症急性呼吸综合症(SARS)** [Zhòngzhèng Jíxìng Hūxī Zōnghézhèng] 사스(중증급성 호흡기 증후군) | **瘟疫** [wēnyì] 전염병

✓ 건강 수준　**健康水平** [jiànkāng shuǐpíng]
以促进基本公共卫生服务均等化，不断提高居民的健康水平。
기본적인 공공 위생 서비스의 균등화를 촉진함으로써 지속적으로 주민의 건강 수준을 끌어올렸다.

✓ 인구 (평균) 기대수명　**人口(平均)期望寿命** [rénkǒu (píngjūn) qīwàng shòumìng]
2014年北京市户籍人口期望寿命为81.81岁，比2013年上升0.30岁。
2014년 베이징시 호적 인구의 기대수명은 81.81세로 2013년보다 0.30세 상승했다.

✓ 건강검진　**健康检查** [jiànkāng jiǎnchá]
给耳朵做个免费健康检查，2015年3月3日，是第十六个全国'爱耳日'。
무료 귀 건강검진을 2015년 3월 3일 진행했는데, (바로) 16번째 전국'귀 사랑의 날'이다.

✓ 소변 검사　**验尿** [yànniào]
无论是普通感冒，还是拉肚子、呕吐，市民去医院看病时经常要验血、验尿、验便。
보통의 감기든 아니면 설사나 구토든 시민이 병원에 가서 진료를 받을 때는 늘 피, 소변, 대변 검사를 해야 한다.

◆ **抽血** [chōuxuè] 피를 뽑다 | **超音波** [chāoyīnbō] 초음파

어휘

| 传人 | chuánrén | 동 (질병을) 남에게 옮기다, 전염하다 | 呕吐 | ǒutù | 동 구토하다 |
| 促进 | cùjìn | 동 촉진시키다 | | | |

01 건강 15

연습 문제

一 본문 내용에 근거해 다음 내용의 옳고 그름을 O, X로 판단해보세요.

1. 加的夫大学学者一直没找到实现老年快乐生活的方式。 _____
2. 老年人多运动能降低患癌率。 _____
3. 老年人少抽点烟对身体没什么影响。 _____
4. 40年后，还有一半的志愿者在坚持最初的计划。 _____
5. 健康的生活方式可以让人幸福。 _____
6. 研究发现，没有遵循规定的人身体更健康。 _____
7. 80岁志愿者每天走4公里路。 _____
8. 骑自行车有助于保持身体健康。 _____

二 보기에서 적당한 어휘를 골라 다음 문장의 빈칸을 채워 완성해보세요.

> 享受 实现 遵循 规定 明显 节制 徒步 状态 规模 足以

1. 春节聚会饮食要有所 _____ 。
2. 他才刚刚创业2年多，就已经有3百多名员工，达到年销售额100万的 _____ 。
3. 演出结束后，他感觉表演时的 _____ 非常好。
4. 为了节省路费，他选择 _____ 旅行。
5. 人总要有梦想，为了 _____ 梦想努力。
6. 老年人应该学会如何 _____ 生活。
7. 专家认为，目前采取的污水处理措施，不 _____ 保护当地环境。
8. 那位老者一直 _____ 好的生活规律，身体非常健康。
9. 公司关于迟到罚款的 _____ 出台后，员工们的时间观念 _____ 加强了。

三 본문 내용에 근거하여 다음 문제에 답해보세요.

1. 为什么学者要研究老年生活？

2. 研究人员要求志愿者遵守什么？

3. 英国加的夫大学的研究有什么特点？

4. 英国加的夫大学的研究证明了什么？

5. 80岁高龄的志愿者通过什么来保持自己的头脑聪明？

四 다음 문제에 대해 여러 사람과 함께 토론해보세요.

1. 老年人应该如何快乐地生活？

2. 哪些方法可以降低老年人得各种疾病的概率？

| 聚会 | jùhuì | 명 | 모임. 회합 | 罚款 | fákuǎn | 동 | 벌금을 부과하다. 범칙금을 물리다 |
| 措施 | cuòshī | 명 | 조치. 대책 | 出台 | chūtái | 동 | (정책이나 조치 등을) 정식으로 시행하다. 정식으로 공포하다 |

01 건강 17

健康饮食应当遵循四个原则

1. 提供营养，食物各有专长

我们吃东西的主要目的并非口腹之享，而是为了生存。主食是能量的主要来源，被吸收的是碳水化合物，还有很多营养成分的摄取要靠吃水果蔬菜，这是人体吸收营养的自然途径。

2. 没有量，就没有质

人体营养需求的关键是要吃足够的量，先保证量之后再考虑其他。而许多人恰恰是没有吃够量，因此营养摄入不足，如果不考虑量，而只追求饮食多样化，并不能解决营养不足的问题。

3. 食量是间房，量力而为

每个人都想住大房子，但大多数人住不起，即便勉强住进去，迟早会还不起房贷。同理，我们每天摄入的卡路里量在考虑到活动量等因素后，也应该有个上限，而且要尽可能少吃。

어휘					
专长	zhuāncháng	명 특기, 전문 기술(지식)	关键	guānjiàn	명 관건, 키포인트
口腹	kǒufù	명 입과 배. 음식	恰恰	qiàqià	부 바로. 꼭
能量	néngliàng	명 에너지	摄入	shèrù	명 섭취
吸收	xīshōu	동 섭취하다. 흡수하다	量力	liànglì	동 자신의 역량을 가늠하다. 능력을 헤아리다
碳水化合物	tànshuǐ huàhéwù	명 탄수화물	勉强	miǎnqiǎng	형 간신히 ~하다. 가까스로 ~하다
摄取	shèqǔ	동 (영양 등) 섭취하다. 흡수하다			
途径	tújìng	명 방법. 비결. 과정	迟早	chízǎo	부 조만간. 머지않아

肥胖症被称为21世纪的世纪病，其他各种慢性疾病的危险因素都包括肥胖，控制体重就能够在很大程度上预防各种慢性病。体重控制其实最简单，就是控制卡路里摄入量，制定一个上限，然后尽量少吃，多活动。

4. 均衡是一段而不是一顿

营养要讲究均衡，但并不是一定要每一顿饭都非常均衡。人体对营养的需求并非一顿不吃就不得了了，营养缺乏是一个累计的过程，因此在补充营养上，要考虑的是长期的趋势，天长日久地坚持健康饮食，而不是靠一顿饭解决问题。

饮食健康要讲究，但过犹不及，偏离上述几项饮食健康原则，就不能获得健康上的良好效益。

来源：凤凰网(有删改)

어휘						
房贷	fángdài	명	주택 구입 융자금	累计	lěijì	동 누계하다. 합계하다
同理	tónglǐ	명	같은 이치. 도리	天长日久	tiāncháng rìjiǔ	성 오랜 세월이 지나다
卡路里	kǎlùlǐ	명	칼로리(열량의 단위)	过犹不及	guòyóu bùjí	성 지나친 것은 모자라는 것만 못하다
上限	shàngxiàn	명	상향선			
尽可能	jìnkěnéng	부	되도록. 가능한 한	偏离	piānlí	동 빗나가다. 벗어나다
肥胖症	féipàngzhèng	명	비만증	上述	shàngshù	형 위에서 말한. 앞에서 말한
均衡	jūnhéng	형	고르다. 균형이 잡히다			

02 여성

望奎1500余名妇女通过家政培训实现就业

왕쿠이 지역 부녀자 1,500여 명,
가사관리 양성과정 통해 취업 실현

● **핵심 구문**

1. 通过……形式(方式) : ～형식(방식)을 통해서
2. 开展……工程 : ～프로젝트를 전개하다
3. 与……建立(合作)关系 : ～와 (협력)관계를 건립하다

● **내용 짐작하기**

중국에서는 전통적으로 여성의 덕목(三從四德) 강조와 남존여비(**男尊女卑**) 사상으로 인하여 여성의 사회적 지위가 매우 낮았다. 그러나 20세기 들어 중국이 근대화되면서 여성의 권리를 향상시키는 각종 조례들이 제정되었다. 이러한 관념의 변화 이외에, 중국정부는 여성의 취업을 제창하며 여성이 사회에서 능력을 발휘하도록 하였다. 나아가 여성의 사회생활 참여를 적극적으로 장려하기 위해서 일부 지역에서는 여성의 취업과 관련된 전문적인 교육을 진행하고 있다. 여러분은 이에 대해 어떻게 생각하는지 의견을 나누어보자.

望奎1500余名妇女
通过家政培训实现就业

　　为拓宽妇女就业门路，1月4日，望奎县妇联、劳动就业局联合开办了一期家政服务培训班，全县120余名农村妇女和城镇下岗女工参加了培训。"这次参加培训班让我掌握了几门技能，这样的培训办得好，得多办。"东郊镇厢兰五村35岁的李艳玲高兴地说。

　　此次培训为期6天，邀请了家政服务业的老师授课，通过理论培训及模拟操作等形式❶，为学员讲解母婴护理、衣物洗涤及保存收藏、家庭基础护理、烹饪等知识。近年来，这个县积极开展家政服务免费培训工程❷，帮助下岗妇女、留

守妇女、农村剩余女劳动力提高就业技能，实现就地就近就业。同时，为使学员尽快实现就业，这个县还与县内外家政服务公司建立合作关系❸，在家政员工和雇主之间架起了一座就业桥。自去年以来，这个县已培训妇女1500余人，并为她们找到就业岗位，让她们有活干、有钱挣。

来源：绥化新闻网

어휘 Track 02-2

望奎	Wàngkuí	지	왕쿠이(헤이룽장黑龙江성 쑤이화绥化시의 현)
家政	jiāzhèng	명	가사관리
培训	péixùn	동	양성하다. 키우다. 훈련하다
拓宽	tuòkuān	동	확장하다. 넓히다
门路	ménlù	명	방법. 방도
妇联	Fùlián	명	중화전국여성연합회(中华全国妇女联合会)의 약칭. 부녀자 연합
开办	kāibàn	동	설립하다. 개최하다
城镇	chéngzhèn	명	城市와 集镇의 합칭. 소도시
下岗	xiàgǎng	동	퇴직하다. 직장을 그만두다
掌握	zhǎngwò	동	장악하다. 주재하다
为期	wéiqī	동	기한으로 하다
邀请	yāoqǐng	동	초청하다
授课	shòukè	동	수업하다
模拟	mónǐ	동	모의하다. 모방하다
操作	cāozuò	동	조작하다. 다루다
讲解	jiǎngjiě	동	해설하다
护理	hùlǐ	동	보살피다. 보호 관리하다
洗涤	xǐdí	동	세척하다. 청소하다
收藏	shōucáng	동	소장하다. 보관하다
烹饪	pēngrèn	동	요리하다
留守	liúshǒu	동	원래 주거지에 남다. 남아서 지키다
剩余	shèngyú	동	잉여. 나머지
雇主	gùzhǔ	명	고용주
架起	jiàqǐ	동	세우다. 가설하다
岗位	gǎngwèi	명	직장. 직무
挣	zhèng	동	(노동·노력으로) 얻다[벌다]

상용 구문

01 通过……形式(方式) ~형식(방식)을 통해서

◆ 我们知道，政协委员通过提案的形式建言献策，反映民声。
우리는 정치협상회의 위원들이 제안의 형식을 통해서 의견을 제기하고 계책을 내놓음으로써 사회의 여론을 반영하고 있다는 것을 안다.

◆ 每年12月4日，国家通过各种形式开展宪法宣传教育活动。
매년 12월 4일에 국가는 각종 형식을 통해서 헌법 선전 교육 활동을 펼친다.

02 开展……工程 ~프로젝트를 전개하다

◆ 各市州及所辖区域开展的高技能人才培养工程将在11月底之前完成。
각 시와 자치주 및 관할 구역이 전개하는 우수 기량 인재 양성 프로젝트가 11월 말 전에 완성될 예정이다.

◆ 会议提出，努力拓展募资渠道，持续开展助老工程，全面推进我省老年人福利事业发展。
열심히 모금 채널을 확대하고 지속적으로 노인 복지 프로젝트를 전개하여, 우리 성의 노인 복지사업의 발전을 전면적으로 추진할 것을 회의에서 제안하였다.

03 与……建立(合作)关系 ~와 (협력)관계를 건립하다

◆ 当天，山西农业大学信息学院与康晋食品有限公司建立人才培养基地校企合作关系。
당일 산시(山西)농업대학 정보학부는 캉진(康晋)식품 주식회사와 인재 양성 기지인 산학 협력관계를 건립하였다.

◆ 目前，中国已经与150多个国家政府和地区建立了科技合作的关系。
현재, 중국은 이미 150여 개 국가 정부 및 지역과 과학기술 협력관계를 건립했다.

政协	Zhèngxié	명	정치협상회의(政治协商会议)의 줄임말
献策	xiàncè	동	대책(방안)을 내놓다
民声	mínshēng	명	사회의 여론
所辖区域	suǒxiá qūyù	명	관할 구역
拓展	tuòzhǎn	동	개발하다. 확장하다
募资	mùzī	명	모금
渠道	qúdào	명	경로. 방법
助老	zhùlǎo	동	노인을 돕다
校企	xiàoqǐ	명	학교가 경영하는 기업. 학교측에서 세운 기업(校办企业의 약칭)

 관련 어휘

✓ 여성 권리　**女性权利** [nǚxìng quánlì]
后来，她成为了一名为**女性权利**而斗争的记者。
나중에 그녀는 여성 권리를 위해 투쟁하는 기자가 되었다.

◆ **半边天** [bànbiāntiān] 신시대 여성(의 역할) | **女性福利** [nǚxìng fúlì] 여성 복지

✓ 국제 여성의 날　**三八妇女节** [Sānbā Fùnǚjié]
3月8日，突尼斯妇女在首都突尼斯市参加了，'三八'国际劳动妇女节游行。
3월 8일 튀니지 여성들은 수도 튀니스시에서 '3월 8일 국제 노동 여성의 날' 시위에 참가하였다.

✓ 대를 잇다　**传宗接代** [chuánzōng jiēdài]
对他来说，我只不过是**传宗接代**的工具、照顾家庭的保姆。
그에 대해서 말하자면, 나는 대를 잇는 도구나 가정을 돌보는 보모에 불과하다.

◆ **生儿育女** [shēng'ér yùnǚ] 자식을 낳아 기르다

✓ 임신 기간　**怀孕期间** [huáiyùn qījiān]
是其实在**怀孕期间**，孕妈妈的个人卫生更是要注意。
그러나 사실 임신기간에 임산부의 개인위생은 더욱 주의를 기울여야 한다.

◆ **适孕期** [shìyùnqī] 임신 가능 기간

✓ 싱글 여성　**单身女性** [dānshēn nǚxìng]
在中国**单身女性**为何活得更艰难?
중국에서 싱글 여성은 왜 사는 것이 더 힘든가?

✓ 유부녀　**有夫之妇** [yǒufū zhī fù]
网恋谈了几个月，见面才发现对方是**有夫之妇**。
인터넷으로 몇 달 연애했는데, 만나고 나서야 상대가 유부녀인 것을 알게 되었다.

游行　yóuxíng　동 (거리에서) 행진하다. 시위하다

연습 문제

一 본문 내용에 근거해 다음 내용의 옳고 그름을 O, X로 판단해보세요.

1. 望奎县有个私人家政服务培训班。 _____
2. 家政服务培训班能够帮助妇女就业。 _____
3. 县妇联直接给妇女发工资。 _____
4. 在培训班里，能够学到专业的护理知识。 _____
5. 参加家政服务培训班，需要交培训费用。 _____
6. 农村的剩余女劳动力通过培训实现就地就近就业。 _____
7. 望奎县为妇女建了一座桥。 _____
8. 县政府培训妇女为政府干活、挣钱。 _____

二 보기에서 적당한 어휘를 골라 다음 문장의 빈칸을 채워 완성해보세요.

| 拓宽 就业 下岗 技能 邀请 护理 讲解 热情 留守 合作 |

1. 政府非常重视和关心_____职工的生活和再就业问题。
2. 有专家推算，近年14岁以下的_____儿童至少在4390万以上。
3. 该县从事手工编织的妇女已达2000余人，最高年收入达5万元，手工编织有效地_____了增收致富渠道。
4. 他是个热心肠，总是_____地帮助残障儿童。
5. 学校_____交警_____安全知识。
6. 大学生要成功_____，首先要掌握专业知识。
7. 他刻苦训练，在职业_____竞赛中表现出色。
8. 她是个很有耐心的女人，很多病人家属都愿意找她帮忙_____。
9. 从活动中，我明白了团队协作的重要性，我开始懂得与其他小朋友_____。

三 본문 내용에 근거하여 다음 문제에 답해보세요.

1. 望奎县为什么开办家政服务培训班？
   _____

2. 东郊镇的李艳玲认为家政服务培训班怎么样？
   _____

3. 在家政服务培训班里，能学到什么知识？
   _____

4. 家政服务免费培训工程帮助什么样的妇女？
   _____

5. 望奎县和什么公司建立合作关系？
   _____

四 다음 문제에 대해 여러 사람과 함께 토론해보세요.

1. 你对妇女就业持什么态度，为什么？
   _____

2. 俗话说，妇女能撑起半边天，你能举例说明吗？
   _____

推算	tuīsuàn	동 추산하다. 미루어 계산하다	交警	jiāojǐng	명 교통경찰(交通警察)의 약칭
编织	biānzhī	동 엮다. 짜다. 뜨다	刻苦	kèkǔ	형 노고를 아끼지 않다. 몹시 애를 쓰다
致富	zhìfù	동 부유해지다. 부자가 되다			
热心肠	rèxīncháng	명 적극적이고 따뜻한 마음씨. 열성	撑起	chēngqǐ	동 떠받치다
残障	cánzhàng	명 장애우. 장애인	举例	jǔlì	동 예를 들다

台湾女性就业受重视
劳动参与率渐提升

据台湾中央社报道，台湾行政院主计总处公布最新人力运用调查，女性就业人数比率及有偶妇女劳参率从1994年的38.35%及45.41%，近20年间升到44.37%及49.76%，可见女性劳动力渐受重视。

调查显示，今年5月整体女性劳动力参与率为50.50%，其中有偶妇女劳动力参与率为49.76%，较未婚女性60.48%低10.72个百分点。

不过，有偶妇女劳动力参与率呈缓步提升走势，由1994年的45.41%，升至今年的49.76%。从子女年龄层来看，尚无子女者70.42%最高，其次为有未满6岁子女者的62.28%，两者在近20年间分别提升6.26个百分点及16.55个百分点。

主计总处表示，主要是有偶妇女就业者年龄普遍较轻且教育程度较高，致使女性结婚生育后离职比率较低，且离职后复职率相对较高。

重视	zhòngshì	동	중시하다. 중요시하다	公布	gōngbù	동 공포하다. 공표하다
劳动参与率	láodòng cānyùlǜ	명	노동 참가율	调查	diàochá	동 조사하다
渐	jiàn	부	점점. 점차	有偶妇女	yǒu'ǒu fùnǚ	명 유부녀
提升	tíshēng	동	진급하다	显示	xiǎnshì	동 나타나다
报道	bàodào	동	(뉴스 등을) 보도하다	缓步	huǎnbù	동 천천히 걷다
行政院	Xíngzhèngyuàn	명	행정원(타이완 내정의 최고기관)	走势	zǒushì	명 나아가는 방향. 추세
				致使	zhìshǐ	동 ~를 초래하다. 야기하다
主计总处	Zhǔjìzǒngchù	명	주통계처(타이완 경제부 통계처를 가리킴)	离职	lízhí	동 사직하다
				复职	fùzhí	동 복직하다

104人力银行公共事务部经理张雅惠受访时指出，台湾女性受到男性主导的职场文化影响，已婚妇女在就业环境最常碰到的问题，不是能力，而是对家庭兼顾的心理拉锯。

　　张雅惠解释，如果职业妇女全心投入工作，家庭与小孩的照料势必需要落到另一半或父母身上。而想要兼顾两者，必须雇主、企业可以接受女性配合家庭的弹性工时。

来源：台海网(有删节)

03 인구

中国全面放开二孩 '70后'受益最大

중국 '두 자녀 정책' 전면 완화, '70허우'가 최대 수혜자

● 핵심 구문

1. (这)意味着…… : (이것은) ~을 의미하다
2. 退出历史舞台 : 역사의 무대에서 사라지다
3. 达到……目标 : ~의 목표에 도달하다

● 내용 짐작하기

중국이 20세기 70년대에 진행한 '산아제한' 정책에 대해서 여러분은 얼마나 알고 있나요? '하나만 낳자(只生一个好)', '적게 낳아 빨리 부자 되는 것이 중산층으로 가는 길(少生快富，小康之路)', '아이를 적게 낳고 나무를 많이 심자(少生孩子，多种树)' 등의 구호는 70년대 이후에 태어난 아이들을 따라다니며 중국에서 수많은 3인 가족을 탄생시켰다. 그러나 이에 따라 노동인구 감소와 고령화 등 다양한 문제가 발생할 수 있으므로 중국정부는 최근 새로운 상황에 대처하기 위하여 현재의 육아정책 개혁에 관한 결정을 공포하였다.

中国全面放开二孩
'70后'受益最大

十八届五中全会今天闭幕,会议决定,全面放开二孩,这也意味着❶独生子女的政策开始退出历史舞台❷。人口专家、北京大学社会学系教授陆杰华认为,全面放开二孩后,从群体上看,'70后'受益最大,'80后'和'90后'生育二孩的占比较大,而'50后'和'60后'赶不上末班车。

陆杰华说,全面放开二孩只是第一步,想要达到政策的预期目标,让大家敢生二孩、实现长期稳定适当的生育率,下一步需要考虑如何鼓励和引导符合政策的育龄妇女在宽松的法律政策环境下生育,尤其是社会公共政策,从女性职业、产假、医疗卫生、教育等方面,都需要相应的公共政策来推动,降低养育成本。

他认为，全面放开二孩后，总和生育率已达到平衡，低生育率趋势难以改变，尤其是'80后'和'90后'，生育观念发生了根本改变，所以需要观察政策的效果，如果达不到预期目标❸，可能会有第三步调整，比如调整社会抚养费或者鼓励三孩等。

来源：新京报(有删节)

放开	fàngkāi	동	자유화하다. 제한을 풀다
二孩	Èrhái	명	모든 부부가 두 자녀를 가질 수 있도록 하는 정책(= 二胎)
受益	shòuyì	동	이익을 얻다. 수혜를 받다
五中全会	Wǔzhōng Quánhuì	명	중국공산당 중앙위원회 제5차 전체회의
闭幕	bìmù	동	막을 내리다. 끝마치다
独生子女	dúshēngzǐnǚ	명	외아들이나 외동딸
政策	zhèngcè	명	정책
退出	tuìchū	동	퇴장하다. 뒤로 물러나다
群体	qúntǐ	명	단체. 집단
生育	shēngyù	동	출산하다. 아이를 낳다
赶不上	gǎnbúshàng	동	따라가지 못하다
末班车	mòbānchē	명	막차. 마지막 기회
预期	yùqī	동	예기하다. 미리 기대하다
稳定	wěndìng	형	안정되다
适当	shìdàng	형	적절하다. 적당하다
鼓励	gǔlì	동	격려하다. 용기를 북돋우다
符合	fúhé	동	부합하다. 일치하다
育龄妇女	yùlíng fùnǚ	명	가임 연령의 여성
宽松	kuānsōng	형	여유가 있다. 편안하다
产假	chǎnjià	명	출산휴가
医疗	yīliáo	명	의료
相应	xiāngyìng	동	상응하다. 서로 맞다. 호응하다
推动	tuīdòng	동	추진하다. 촉진하다
降低	jiàngdī	동	낮추다. 줄이다
成本	chéngběn	명	원가. 자본금
总和	zǒnghé	명	총계. 총수
平衡	pínghéng	명/형	평형/균형이 맞다
调整	tiáozhěng	동	조정하다. 조절하다
抚养费	fǔyǎngfèi	명	양육비

상용 구문

01 (这)意味着…… (이것은) ~을 의미하다

- 0.6的收视率**意味着**什么？它**意味着**，会有几千万人同时收看这场比赛的直播。
  0.6%의 시청률은 무엇을 의미하는가? 그것은 몇천만 명의 사람이 동시에 이 시합의 생중계를 볼 것이라는 것을 의미한다.

- 这个判决**意味着**这首歌从此以后将被全世界人民免费共享。
  이 판결은 앞으로 이 노래를 전 세계 사람을 위해 무료로 공유할 수 있음을 의미한다.

02 退出历史舞台 역사의 무대에서 사라지다

- 从10月9日起67路公交车将正式停运，**退出历史舞台**。
  10월 9일부터 67번 버스는 정식으로 운행을 중지하여 역사의 무대에서 사라질 것이다.

- 随着打火机的普及，陪伴了福州人几十年的'福州牌'火柴，也渐渐**退出历史舞台**。
  라이터의 보급으로 푸저우(福州) 사람들과 몇십 년을 함께한 '푸저우표' 성냥도 점차 역사의 무대에서 사라지고 있다.

03 达到……目标 ~의 목표에 도달하다

- 与其教孩子完成任务，不如教他们**达到目标**。
  아이에게 임무를 완성하는 것을 가르치는 것보다 그들에게 목표에 다다르는 것을 가르치는 것이 더 좋다.

- 虽然观看阅兵式的主要是国内观众，但这次阅兵式还**达到**了重要的外交**目标**。
  비록 열병식을 보는 것은 주로 국내의 관중이지만 이번 열병식은 중요한 외교적인 목표를 이루기도 하였다.

어휘

判决	pànjué	동	판단하다. 결정하다
打火机	dǎhuǒjī	명	라이터
与其……不如……	yǔqí… bùrú…		~하기보다는 차라리 ~하다
共享	gòngxiǎng	동	함께 누리다
陪伴	péibàn	동	함께 하다. 같이 있다. 동반하다

 관련 어휘

✓ 부부가 독자이면 아이 둘을 낳을 수 있는 정책　**单独二孩** [dāndú èrhái]

这是继2013年放开'**单独二孩**'政策后又一次人口政策调整，二孩政策由此正式放开。

이것은 2013년 '부부가 독자이면 아이 둘을 낳을 수 있는' 정책을 완화한 것에 이은 또 한 차례의 인구정책 조정으로 아이 둘을 낳는 정책은 이것으로부터 정식으로 완화된 것이다.

✓ 중류 수준의 사회　**小康社会** [xiǎokāng shèhuì]

在时间的坐标轴上，距离全面建成**小康社会**最后的期限只剩下五年了。

시간의 좌표축 상에서 보면, 그 격차는 전면적으로 샤오캉 사회를 건설하는 최후 기한에서 5년만이 남아 있다.

✓ 인구노령화　**人口老龄化** [rénkǒu lǎolínghuà]

目前我国已经进入了**人口老龄化**社会，未来四川人口老龄化的趋势将进一步加剧。

현재 우리나라는 이미 인구노령화 사회에 들어섰고, 미래에 쓰촨(四川) 인구의 노령화 추세도 더욱 심해질 것으로 보인다.

✓ 노인을 모시다　**养老** [yǎnglǎo]

随着社会老龄化进程的加快，这些成为**养老**迫切需要解决的问题。

사회노령화 진행이 빨라짐에 따라 이것은 노인 부양에 있어 절실히 해결해야 할 문제가 되었다.

✓ 맞벌이 가정　**双薪家庭** [shuāngxīn jiātíng]

尽管男主外、女主内的家庭模式很受一些人推崇，但在现代都市中，还是**双薪家庭**居多。

비록 남자가 밖을, 여자가 안을 담당하는 가정 형식이 일부 사람들의 지지를 받고 있지만, 현대 도시에서는 여전히 맞벌이 가정이 다수를 차지한다.

✓ 한부모 가정　**单亲家庭** [dānqīn jiātíng]

卓林自小随母亲移居上海生活，在**单亲家庭**长大，母女相依为命。

쥐린은 어려서부터 어머니를 따라 상하이로 이주하여 살았고, 한부모 가정에서 자라 모녀가 서로 의지하며 살고 있다.

어휘

坐标轴 zuòbiāozhóu　명 좌표축
加剧 jiājù　동 격화되다. 악화되다. 심해지다
居多 jūduō　동 (대)다수를 차지하다
推崇 tuīchóng　동 추앙하다. (떠)받들다. 찬양하다
相依为命 xiāngyī wéimìng　성 서로 굳게 의지하며 살아가다

연습 문제

一 본문 내용에 근거해 다음 내용의 옳고 그름을 O, X로 판단해보세요.

1. 十八届五中全会决议全面放开二孩。 _____
2. 全面放开二孩并不意味着独生子女政策的结束。 _____
3. 根据文章，二孩放开后，'80后'和'90后'将成为受益最大的群体。 _____
4. 根据文章，二孩政策并不会对所有年龄层的夫妇都产生影响。 _____
5. 由于生活水平的提高，养育成本已不再是妇女关心的问题。 _____
6. 现阶段的社会公共政策已经非常完备，完全适合推行二孩政策的各项要求。 _____
7. 全面放开二孩后，低生育率的趋势能够得到扭转。 _____
8. 根据文章，政府将不会考虑对三孩也实行放开政策。 _____

二 보기에서 적당한 어휘를 골라 다음 문장의 빈칸을 채워 완성해보세요.

| 闭幕 意味 调整 预期 稳定 鼓励 引导 符合 宽松 |

1. 中韩贸易博览会于本月10号在北京胜利 _____ 。
2. 新的生育政策 _____ 生育二胎。
3. 书籍能 _____ 我们进入历史，并结识各个时代的伟大人物。
4. 你的提案并不 _____ 本次大会的主题。
5. 今年，国家再次 _____ 了非居民用天然气的价格。
6. 做你爱做的事，并不 _____ 着生活过得轻松，但绝对可以过得精彩。
7. 总是在出现问题后进行总结是不够的，要事先对事物的发展有所 _____ 。
8. 你太激动了，请先 _____ 一下儿情绪再发言。
9. 随着改革开放不断深入，外国记者在华的采访环境日益 _____ 。

본문 내용에 근거하여 다음 문제에 답해보세요.

1. 十八届五中全会对生育政策进行了哪些调整？

2. 全面放开二孩意味着什么？

3. 根据文章，全面放开二孩后对各年龄层的夫妇有什么影响？

4. 陆杰华认为，继全面放开二孩以后接下来的工作是什么？

5. 根据陆杰华的观点，放开二孩会对生育率产生什么影响？

 다음 문제에 대해 여러 사람과 함께 토론해보세요.

1. 你觉得一个国家人口多，会产生哪些问题？

2. 中国放开二胎政策，是弊大于利，还是利大于弊？

扭转	niǔzhuǎn	동 바로잡다. 시정하다	结识	jiéshí	동 사귀다. 교제하다
推行	tuīxíng	동 (경험·방법 등을) 보급하다. 널리 시행하다	日益	rìyì	부 날로. 나날이 더욱
			弊大于利	bìdà yúlì	득보다 실이 훨씬 크다
非居民	fēijūmín	명 비거주자	利大于弊	lìdà yúbì	실보다 득이 훨씬 크다

二胎放开蕴藏千亿增量市场

西南证券研究发展中心估算，全面放开二胎会使2016-2018年新增新生儿566.6万个，新增新生儿将主要来自中小城市和小城镇，新增新生儿出生前三年的育儿支出将会产生约3000亿的增量市场。

华泰证券薛鹤翔认为，放开二胎后，2018年新生儿有望超过2000万人。短期内将直接刺激母婴医疗、儿童用药、奶粉、母婴生活用品、玩具、婴幼儿教育、儿童服饰、MPV(multi purpose vehicle)汽车八条主线的消费需求。长期内，将为整个经济提供劳动力供给，提高潜在经济增长动力。

方正证券宏观经济分析师郭磊也表示，部分直接关联产业将会从婴儿潮中受益。"按16岁成年前城市农村平均抚养成本20万粗略估算，二胎婴儿潮所蕴含的消费红利大约在每年1200-1600亿。"

二胎	èrtāi	명	모든 부부가 두 자녀를 가질 수 있도록 하는 정책 (= 二孩)	母婴	mǔyīng	명 모자. 어머니와 아기
				用药	yòngyào	동 약(품)을 쓰다
				奶粉	nǎifěn	명 분유
蕴藏	yùncáng	동	잠재하다. 간직하다	主线	zhǔxiàn	명 주선. 기본선(사업을 조직하고 집행할 때 기본적으로 끌고 나가야 할 주된 측면)
增量	zēngliàng	동	증량하다. 양을 늘리다			
证券	zhèngquàn	명	(유가) 증권			
估算	gūsuàn	동	추산하다	供给	gōngjǐ	동 공급하다. 제공하다. 급여하다
有望	yǒuwàng	동	가능성이 있다. 희망적이다			
超过	chāoguò	동	초과하다. 추월하다	宏观	hóngguān	형 거시적
刺激	cìjī	동	고무하다. 북돋우다	婴儿潮	yīng'ér cháo	명 베이비붐

郭磊认为，"短期内，二胎婴儿潮的到来将拉动相关食品、玩具、母婴医疗、儿童服饰、家用汽车、教育培训等行业的发展；中期来看，二胎婴儿潮的到来将改变中国人口的年龄结构，减缓老龄化速度，房地产等行业也会部分受益。"

　　不过，他也指出，放开二胎对中国经济的积极意义主要在于中长期对老龄化的缓冲；对于经济趋势的短期影响相对有限。

　　实际上，在'十三五'规划中，备受关注的一个问题就是人口问题，不仅是二胎政策还包括养老服务。目前我国养老服务面临严重供需不匹配，按照《中国养老产业规划》测算，到2030年养老服务业的总产值有望超过10万亿元。

来源：21世纪经济报道(有删节)

어휘

抚养	fǔyǎng	동	(아이를) 부양하다. 정성 들여 기르다
粗略	cūlüè	부	대충. 대략
蕴含	yùnhán	동	포함하다. 담겨 있다. 들어 있다
红利	hónglì	명	순이익. 주식 배당. 초과 배당금
拉动	lādòng	동	촉진하다. 적극적으로 이끌다
行业	hángyè	명	직업. 직종. 업종
减缓	jiǎnhuǎn	동	늦추다. 느려지다
房地产	fángdìchǎn	명	부동산
缓冲	huǎnchōng	동	완충하다. 완화시키다
面临	miànlín	동	(문제·상황에) 직면하다. 당면하다
十三五规划	Shísānwǔ Guīhuà	명	13차 5개년 계획(2016~2020년의 의료·사회보험·정년·아동·노인복지 등에 대한 국민 경제와 사회 발전의 중요 항목이 들어 있음)
供需	gōngxū	명	공급과 수요
匹配	pǐpèi	동	호응하다. 보조를 맞추다
测算	cèsuàn	동	추산하다. 측정하다

04 외교

第十次中日韩外交高官磋商在韩国举行

제10차 한중일 외교 고위급 회의 한국에서 개최

● 핵심 구문

1. 达成(……)共识 : (~한) 합의를 이루다, 공통된 인식을 갖게 되다
2. 取得……进展 : ~진전이 있다
3. 为……作出贡献 : ~을 위하여 공헌을 하다

● 내용 짐작하기

한국, 중국, 일본은 바다를 사이에 두고 위치한 이웃나라이다. 이 세 나라는 지리적 상황도 비슷하고 문화적으로 유사한 면이 많다. 또한 동아시아 뿐 아니라 세계의 무대에서 중요한 역할을 하고 있어 서로 간에, 혹은 전 세계에 끼치는 영향력이 크다. 세 나라 간의 교류와 협력이 강화된 것은 1999년 11월 필리핀 마닐라에서 열린 '아세안(동남아시아국가연합)+3(한중일) 정상회의'에서 당시 김대중 대통령과 일본의 오부치 게이조(小淵惠三) 총리, 중국의 주룽지(朱镕基) 총리가 조찬 회동을 한 것에서 시작되었다. 그 후 십여 년간 역사와 영토 갈등으로 다소 침체되기도 했었으나, 현재는 한중일 정상회의를 핵심으로 한 외교부 장관 및 고위급 회의가 여러 영역과 분야에서 진행되고 있다.

第十次中日韩外交高官
磋商在韩国举行

  第十次中日韩外交高官磋商11日在韩国首尔举行。中国外交部副部长刘振民、韩国外交部次官补李京秀、日本外务省审议官杉山晋辅及中日韩合作秘书处秘书长岩谷滋雄参加会议。

  本次外交高官磋商的重点是，为即将在3月下旬举行的第七次中日韩外长会做准备。三国高官就外长会有关安排进行了深入讨论并**达成**初步**共识**❶，同意继续保持密切沟通协调，确保三国外长会顺利举行。

  刘振民表示，经过三方共同努力，中日韩外长会即将召开。这是外长会停办两年后再次举行，来之不易，值得珍惜。中方重视此次外长会，希望三国本着积极推进合作，同时又不回避问题的精神筹办好此次会议，推动三国合作沿着正确轨道健康稳定发展。

刘振民指出，中日韩合作是三国共同事业，也是东亚合作重要组成部分。近两年，三国合作<u>取得</u>积极<u>进展</u>❷，自贸区谈判稳步推进，投资协定去年正式生效，东亚文化之都、亚洲校园等合作项目影响不断扩大，环保、财金、科技合作逐步深化。中方愿与各方加强在经贸、可持续发展、人文、非传统安全等领域的交流与合作，深化中日韩合作，<u>为促进地区繁荣稳定作出贡献</u>❸。

来源：新华网

어휘

高官	gāoguān	명	고위 관직. 고위급
磋商	cuōshāng	동	반복하여 협의하다
审议	shěnyì	동	심의하다
即将	jíjiāng	부	곧. 머지않아
下旬	xiàxún	명	하순(한 달 가운데 21일에서 말일까지의 기간)
外长会	wàizhǎnghuì	명	외교 장관 회의
深入	shēnrù	형	깊다. 철저하다
共识	gòngshí	명	공통된 인식. 인식의 일치
沟通	gōutōng	동	교류하다. 의견을 나누다
协调	xiétiáo	동	어울리게 하다. 조화롭게 하다
召开	zhàokāi	동	(회의를) 열다. 개최하다
停办	tíngbàn	동	운영을 중지하다
值得	zhídé	동	~할 만하다. (일이) 의의가 있다
珍惜	zhēnxī	동	소중히 여기다
本着	běnzhe	개	~에 근거하여
回避	huíbì	동	회피하다. 피하다
筹办	chóubàn	동	기획하고 처리하다
轨道	guǐdào	명	궤도. 궤적
生效	shēngxiào	동	효력이 발생하다

Track 04-2

 상용 구문

01 达成(……)共识 (~한) 합의를 이루다, 공통된 인식을 갖게 되다

◆ 近日日本首相安倍造访印度，日印**达成共识**，并且签署核能协定。
최근에 일본 수상인 아베가 인도를 방문하여, 일본과 인도가 합의를 이루고, 또한 원자력 협정을 체결하였다.

◆ 另外，美俄两国就叙利亚问题**达成共识**，本周五的纽约会谈将如期举行。
그 밖에, 미국과 러시아 양국은 시리아 문제에 대하여 의견을 같이 하고, 이번 주 금요일 뉴욕 회담을 예정대로 개최할 예정이다.

02 取得……进展 ~진전이 있다

◆ 虽然双方在主张上依然有分歧，但通过此次会谈，问题也有可能**取得**较大**进展**。
비록 양측의 주장에는 여전히 차이가 있으나 이번 회담을 통해 문제에도 비교적 큰 진전이 있을 것으로 보인다.

◆ 日前，从甘肃省科技厅了解，甘肃省城镇污水处理回用技术**取得重大进展**。
며칠 전에, 깐쑤(甘肃)성 과학기술청에 따르면 깐쑤성 도시 폐수를 처리하여 재활용하는 기술이 중대한 진전을 거뒀다고 한다.

03 为……作出贡献 ~을 위하여 공헌을 하다

◆ 希望大家进一步加强联系，创新服务，**为**经济发展**作出**更大**贡献**。
여러분들이 한층 더 연계를 강화하고, 서비스를 혁신하며, 경제 발전을 위하여 좀 더 큰 공헌을 하기를 희망한다.

◆ 习近平表示中国足球一定会发展，**为**世界足球**作出**自己的**贡献**。
시진핑 주석은 중국 축구가 반드시 발전할 것이며, 세계 축구를 위해 자신만의 공헌을 할 것이라고 말했다.

| 核能 | hénéng | 명 원자력 | 如期 | rúqī | 부 예정대로, 기한 내에 |
| 叙利亚 | Xùlìyà | 지 시리아(Syria) | 分歧 | fēnqí | 명 불일치, 차이(점) |

관련 어휘

✓ 국가지도자　**国家领导人** [guójiā lǐngdǎorén]
　　国家领导人在联合国的演讲，由谁负责翻译？
　　국가지도자가 UN에서 강연할 때 누가 통역을 책임지나요?

✓ 입후보자　**候选人** [hòuxuǎnrén]
　　奥巴马做客《60分钟》，对热门总统候选人进行'点评'。
　　오바마가 〈60분〉에 출연하여 인기 있는 대통령 후보에 대해 논평하였다.

✓ 전쟁 승리 70주년　**抗战胜利70周年** [kàngzhàn shènglì qīshí zhōunián]
　　今天，抗战胜利70周年纪念币在各大银行开始售卖。
　　오늘 전쟁 승리 70주년 기념화폐를 여러 큰 은행에서 판매하기 시작하였다.

✓ 전략적 협력 동반자 관계　**战略合作伙伴关系** [zhànlüè hézuò huǒbàn guānxi]
　　近日，俄罗斯总统普京表示，期待与印度讨论加强两国之间的战略合作伙伴关系的具体措施。
　　최근에 러시아 푸틴 대통령은 인도와 양국 간의 전략적 협력 동반자 관계를 강화하는 구체적인 조치에 대해 토론할 것을 기대한다고 하였다.

　　◆ **阅兵仪式** [yuèbīng yíshì] 열병식

✓ 한반도　**朝鲜半岛(韩半岛)** [cháoxiān bàndǎo(hánbàndǎo)]
　　美国方面称，B-1B轰炸机今后将从关岛基地起飞，在南海和朝鲜半岛地区进行巡逻。
　　미국 측은 B-1B 폭격기는 앞으로 괌 기지에서 출발하여 남중국해나 한반도 지역을 순찰할 것이라고 밝혔다.

✓ 탄도 미사일　**弹道导弹** [dàndào dǎodàn]
　　若朝鲜发射洲际弹道导弹，将遭到国际社会的制裁和施压。
　　만약 북한이 대륙간탄도미사일을 발사한다면 국제 사회의 제재와 압력을 당하게 될 것이다.

　　◆ **和平统一** [hépíng tǒngyī] 평화적 통일 | **核武开发** [héwǔ kāifā] 핵무기 개발

어휘

点评	diǎnpíng	동	논평하다. 평론하다
轰炸机	hōngzhàjī	명	폭격기. 전폭기
巡逻	xúnluó	동	순찰하다. 순시하다
发射	fāshè	동	(총알·포탄·미사일·인공위성·전파 등을) 쏘다. 발사하다
遭到	zāodào	동	(불행이나 불리한 일을) 당하다. 겪다
制裁	zhìcái	동	제재하다
施压	shīyā	동	압력을 가하다. 압력을 넣다

04 외교

연습 문제

一 본문 내용에 근거해 다음 내용의 옳고 그름을 O, X로 판단해보세요.

1. 第十次中日韩外交高官磋商11日在北京举行。
2. 进行磋商的代表主要是来自三国外交部和外务省的长官。
3. 此次外交高官磋商的重点是加强三国在政治、经济、文化领域的合作。
4. 磋商同意三国之间加强联系与交流，但并未就即将召开的外长会议的有关安排达成共识。
5. 基于外长会议已经停办两年的事实，此次磋商以及即将举行的第七次外长会议实在来之不易。
6. 刘振民表示，三国应该尽量避免应对出现的问题，本着积极推进合作的精神确保外长会议的顺利召开。
7. 刘振民指出，近几年中日韩三国的交流不但涉及了文化和教育的层面，在经济领域的合作更是取得了积极地进展。
8. 中方表示愿与各方加强在经贸、可持续发展、人文、非传统安全等领域的交流与合作，为促进地区繁荣稳定作出贡献。

二 보기에서 적당한 어휘를 골라 다음 문장의 빈칸을 채워 완성해보세요.

| 共识　　密切　　值得　　协调　　轨道　　协商　　即将　　确保　　促进 |

1. 财富的增长和精神生活质量的提高，是_____人类人们文明发展的两大要素。
2. 双方就相关问题进行了友好而富有成效的_____，并签署了合作协议。
3. 他_____关注着比赛的进程，唯恐眨眼间漏掉一个进球。
4. 只有教师和家长_____一致，才能形成教育的合力。
5. 为_____这次运动会万无一失，工作人员把整个运动场又检查了一遍。
6. _____来临的一天，比过去的一年都更加漫长。
7. 地球资源要珍惜，环境保护是_____。
8. 我们最_____自豪的不在于从不跌倒，而在于每次跌倒之后都爬起来。
9. 你可曾想过，失去了爱和信念，你的生活就失去了_____。

三 본문 내용에 근거하여 다음 문제에 답해보세요.

1. 中日韩有哪些代表参加了第十次中日韩外交高官磋商？

2. 此次外交高官磋商的重点是什么？

3. 为什么刘振民说即将举行的中日韩外长会议来之不易？

4. 中方期望三国在哪些方面对中日韩外长会议做好准备？

5. 近年来中日韩在哪些方面进行了交流与合作，未来中国对合作还有哪些期望？

四 다음 문제에 대해 여러 사람과 함께 토론해보세요.

1. 查阅相关资料，并说明一下儿你对'第七次中日韩外长会议来之不易'的理解。

2. 请从经济、政治、文化、教育等几个方面，谈一谈中日韩合作交流的重要性。

어휘

要素	yàosù	명	요소
唯恐	wéikǒng	동	다만 ~할까 걱정이다
漏掉	lòudiào	동	빠뜨리다. 새서 없어지다
进球	jìnqiú	명	골(goal)
自欺	zìqī	동	스스로를 속이다. 자기를 기만하다

臻于	zhēnyú	동	(아름다운 경지에) 이르다
万无一失	wànwú yìshī	성	만에 하나의 실수도 없다. 한 치의 착오도 없다
跌倒	diēdǎo	동	쓰러지다. 좌절하다. 실패하다

汪洋访问韩国
与韩国总统朴槿惠会见

正在对韩国进行正式访问的国务院副总理汪洋23日在首尔同韩国总统朴槿惠举行会见。

汪洋首先转达了习近平主席致朴槿惠总统的口信。习近平在口信中积极评价中韩关系发展，强调愿同朴槿惠总统保持密切沟通，就共同关心的问题及时交换意见，深化中韩战略合作伙伴关系。

汪洋表示，在两国元首关心和推动下，中韩关系发展势头强劲，务实合作不断深化。希望双方一道努力，扩大人文交流和人员往来，早日签署中韩自贸协定并使其生效，共同促进亚洲区域经济一体化。

朴槿惠感谢习近平主席专门致口信，表示在全球经济不景气情况下，中国领导人带领中国人民努力实现中国梦，取得重要成就。韩中各领域交流合作规模之

转达	zhuǎndá	동	전하다. 전달하다
致	zhì	동	주다. 보내다
口信	kǒuxìn	명	전언. 전갈
沟通	gōutōng	동	교류하다. 소통하다
深化	shēnhuà	동	더욱 깊은 단계로 발전시키다
势头	shìtóu	명	정세. 형세
强劲	qiángjìng	형	강력하다. 세차다
务实	wùshí	동	구체적인 실제 사업을 수행하다. 실무적인 사업 수행에 힘쓰다

大令人鼓舞，在韩国举办'中国旅游年'是两国人文交流今年重点项目。韩方愿同中方在各领域保持密切沟通合作，尽早就自贸协定达成一致，促进两国经济发展和东亚区域合作。

双方还就朝鲜半岛局势交换意见。

同日，汪洋同韩国副总理崔炅焕举行会谈，同韩国副总理黄佑吕共同出席'中国旅游年'开幕式，并在中韩经贸论坛上发表演讲。两国相关部门签署了经贸发展联合规划、合作与交流计划，共同发表人文交流项目名录。

汪洋还会见了韩国大企业负责人。

来源：新华网

自贸协定	Zìmào Xiédìng	명	자유무역협정	尽早	jǐnzǎo	부 되도록 일찍. 조속히
鼓舞	gǔwǔ	동	격려하다. 고무하다	名录	mínglù	명 명부,명단
保持	bǎochí	동	유지하다. 지키다			

05 경제

中国经济发展速度持续放缓

중국 경제 발전 속도 침체 지속

핵심 구문

1. 将……视为…… : ~을 ~로 여기다
2. ……是不可避免的 : ~은 불가피한 것이다
3. 随着…… : ~에 따라서

내용 짐작하기

한 동안 빠르게 진행된 중국의 경제 발전은 최근 몇 년간 둔화된 추세를 보이고 있다. 이는 경제 발전을 속도적인 측면에서만 중시하던 풍조에서 질적인 성장을 생각하게 된 변화의 결과라고 할 수 있다. 지금 중국은 급속한 발전이 가져온 각종 문제 해결에 관심을 갖고 있는데, 여러분은 '경제 발전'에 대해서 어떤 생각을 갖고 있으며, 탄탄하고 안정된 경제 구조는 무엇인지 생각해보자.

中国经济发展速度持续放缓

据美国《华尔街日报》网站1月30日报道，中国过去几十年来，从中央到地方各级政府一直都将经济增长目标视为❶必须要完成的目标。各省一般都会争相超越全国经济增长目标（一般约为7%-8%），并确保超额完成任务。

而今，中国领导人对经济持续放缓——也就是他们所说的'新常态'——持更加容忍的态度了。各级政府也视之为一个信号。据报道，该国只有1个省份没有下调今年的经济增长目标。而上海则干脆取消了这一目标。很多经济学家一直敦促中国在全国层面采取这种举措。

中国经济过去多年发展迅猛，但当前在持续放缓。很多经济学家认为是不可避免的❷。李克强总理以及许多官员如今都对这种观点表示认可。他们当前计划发出一种信息：经济增长的速度不再那么重要了，如今更看重经济增长的'质量'——即要努力解决不平等、债务规模持续增加、过度建设和破坏环境等问题。

据英国《金融时报》网站1月30日报道，长期以来，国内生产总值一直是衡量中国官员业绩的最重要的指标之一。但批评人士指出，这不仅催生了歪曲数据的现象，还导致环境受到严重破坏、投资严重过剩——房地产业投资严重过剩问题尤为突出。

随着❸经济持续放缓，该国表示希望注重经济增长质量，而不只是经济增长数量。中国国家主席习近平去年说："我们不能再简单以国内生产总值论英雄。"

来源：参考消息

🎧 Track 05-2

持续	chíxù	동	지속하다
放缓	fànghuǎn	동	늦추다. 완만하다
华尔街日报	Huá'ěrjiē Rìbào	명	월스트리트저널(The Wall Street Journal)
网站	wǎngzhàn	명	(인터넷) 웹사이트
视为	shìwéi	동	여기다. 간주하다
争相	zhēngxiāng	부	서로 다투어
超额	chāo'é	동	목표액 이상을 달성하다
也就是	yějiùshì		~에 불과하다. 겨우 ~이다
常态	chángtài	명	정상인 상태. 평소의 상태
容忍	róngrěn	동	용인하다. 참고 견디다
下调	xiàtiáo	동	하향 조정하다. 내리다
干脆	gāncuì	부	차라리. 아예
敦促	dūncù	동	재촉하다
层面	céngmiàn	명	(사물의 어떤 단계의) 범위. 영역
举措	jǔcuò	명	조치
迅猛	xùnměng	형	갑작스럽고 맹렬하다
当前	dāngqián	명	현재. 현 단계. 목전
不可避免	bùkě bìmiǎn	성	피할 수 없다
认可	rènkě	동	승낙하다. 허락하다
看重	kànzhòng	동	중시하다
债务	zhàiwù	명	부채. 채무
金融时报	Jīnróng Shíbào	명	파이낸셜타임즈(Financial Times)
总值	zǒngzhí	명	총 가치
衡量	héngliáng	동	판단하다. 평가하다
指标	zhǐbiāo	명	목표
催生	cuīshēng	동	탄생시키다. 촉진하다
歪曲	wāiqū	동	왜곡하다
投资	tóuzī	동	(특정 목적을 위해) 투자하다. 자금을 투입하다
过剩	guòshèng	동	과잉되다
尤为突出	yóuwéi tūchū		유달리 두드러지다

05 경제 53

상용 구문

01 将……视为…… ~을 ~로 여기다(= 将……作为……)

◆ 目前，美国官方已将网络安全威胁视为国家安全面临的各种威胁之首。
현재, 미국 정부는 이미 인터넷 안전 위협을 국가 안전이 직면한 각종 위협 중에 가장 중요한 것으로 보고 있다.

◆ 1992年，美国FDA正式通过将生物免疫疗法作为癌症基本疗法之一的议题，该疗法在美国临床得到广泛应用。
1992년에 미국 FDA는 생물 면역 요법을 암 기본 치료법의 하나로 보는 의제를 정식으로 통과시켰고, 이 치료법은 미국 임상에서 광범위하게 쓰이고 있다.

02 ……是不可避免的 ~은 불가피한 것이다

◆ 汽车行业的重新洗牌是不可避免的，问题是谁能够成为胜出者。
자동차 업종의 재조정은 불가피한 것으로 문제는 누가 승자가 될 수 있느냐 하는 것이다.

◆ 中美之间的敌对和某种程度的冲突是不可避免的。
중미간의 적대와 어느 정도의 충돌은 불가피한 것이다.

03 随着…… ~에 따라서

◆ 8月起，随着疫情状况好转，各航空公司直飞韩国的航班逐步恢复运行。
8월부터 전염병의 상황이 호전됨에 따라 각 항공회사의 한국 직항편이 점차적으로 운행을 회복하고 있다.

◆ 随着时间的流逝，太阳渐渐直射过来。
시간이 지남에 따라 태양은 점점 곧바로 내리쬐기 시작했다.

어휘

威胁	wēixié	명	위협
免疫疗法	miǎnyì liáofǎ	명	면역 요법
临床	línchuáng	동	(의사가 직접 병상을 돌아보며) 치료하다
洗牌	xǐpái	동	재조정하다
冲突	chōngtū	동	모순. 충돌
胜出	shèngchū	동	(시합이나 경쟁에서) 승리하다. 이기다
疫情	yìqíng	명	전염병 발생과 유행 상황
直飞	zhífēi	명	(~로) 곧장 날아가다. 직항하다
直射	zhíshè	동	(광선 등이) 곧바로 내리쬐다
流逝	liúshì	동	유수와 같다. 흐르는 물처럼 지나가다

 관련 어휘

√ 세계무역기구　**世界贸易组织(WTO)** [Shìjiè Màoyì Zǔzhī]

加入SDR的里程碑效应，完全可类比于2001年加入世界贸易组织(WTO)。
SDR(국제통화기금 IMF의 특별인출권)에 가입했다는 기념비적 사건의 효과는 2001년 WTO에 가입한 것과 비견될 수 있다.

√ 환태평양 경제동반자협정　**跨太平洋战略经济伙伴协定(TPP)**
[Kuà Tàipíngyáng Zhànlüè Jīngjì Huǒbàn Xiédìng]

跨太平洋战略经济伙伴协定(TPP)最近一段时间成了热门词，各种议论很多。
환태평양 경제동반자협정은 최근 얼마동안 화제가 된 단어로, (이에 관한) 각종 논의가 많다.

√ 불경기　**不景气** [bùjǐngqì]

今年家电业的不景气，是十分热门的话题。
올해의 가전 업종의 불경기는 대단히 뜨거운 논란거리이다.

√ 부동산 시장　**房地产市场** [fángdìchǎn shìchǎng]

北京房地产市场的回暖趋势已经愈加明显。
베이징 부동산 시장의 회복세가 이미 점점 두드러지고 있다.

◆ **汇率** [huìlǜ] 환율

√ 주식　**股票** [gǔpiào]

10月份最牛的股票是哪只？
10월의 가장 좋은 주식은 어떤 것인가?

√ 주식시장, 주가　**股市** [gǔshì]

这些迹象都表明，当前股市出现向好的态势。
이러한 현상들은 모두 현재 주식시장이 호전되는 형상임을 나타내고 있다.

◆ **股东** [gǔdōng] 주주

어휘

里程碑	lǐchéngbēi	명	기념비적 사건. 역사상 이정표가 되는 사건
效应	xiàoyìng	명	효과와 반응
热门	rèmén	명	인기 있는 것. 유행하는 것
类比	lèibǐ	동	유추하다
愈加	yùjiā	부	더욱. 한층 더
回暖趋势	huínuǎn qūshì	명	회복세
态势	tàishì	명	형세
牛	niú	형	대단하다. 최고다

📝 연습 문제

一 본문 내용에 근거해 다음 내용의 옳고 그름을 O, X로 판단해보세요.

1. 中国从中央到地方各级政府都努力达到经济增长目标。 _____
2. 现在，大部分省份都将经济增长目标下调。 _____
3. 经济学家鼓励各省份提高经济增长目标。 _____
4. 中国经济的发展速度放缓了。 _____
5. 政府现在认为经济增长的速度最重要。 _____
6. 国内生产总值是衡量一个人的工资的标准。 _____
7. 中国经济发展导致房地产投资过剩。 _____
8. 习主席说经济增长的数量决定了国内生产总值。 _____

二 보기에서 적당한 어휘를 골라 다음 문장의 빈칸을 채워 완성해보세요.

> 目标　争相　超额　放缓　容忍　信号　质量　衡量　歪曲　以……论英雄

1. 有了 _____，就有了成功的起点。
2. 现在生活条件好了，人们都讲究提升生活 _____。
3. 一个经济体总量到了一定程度，必然会增幅 _____。
4. 国际泳联对这种违反体育道德的行为无法 _____，必须进行严厉处罚。
5. 股市释放的 _____ 说明现在股市还处于牛市。
6. 仅仅 _____ 成败 _____，并不是一种正确的 _____ 英雄的标准。
7. 真正的新闻工作者必须保证新闻内容真实可靠，没有任何被 _____ 的内容。
8. 公园里鲜花盛开，除了玫瑰花以外，还有 _____ 斗艳的牡丹花。
9. 北京分公司上季度 _____ 完成公司的计划。

56

본문 내용에 근거하여 다음 문제에 답해보세요.

1. 中国各省以前的经济情况怎样？

2. 现在经济的'新常态'是什么？

3. 经济学家对中国经济持续放缓持什么态度？

4. 根据文章，应该怎样提高经济增长的质量？

5. 以前，什么是衡量中国官员业绩的指标？

 다음 문제에 대해 여러 사람과 함께 토론해보세요.

1. 你们国家目前的经济状况怎样？

2. 让你印象最深的经济大事件是什么(经济腾飞、经济危机)？

어휘

起点	qǐdiǎn	명	(시간이나 장소 등의) 기점. 시작점
总量	zǒngliàng	명	총(수)량. 전체 수량
增幅	zēngfú	명	증가폭
泳联	yǒnglián	명	수영연합회(游泳联合会)의 약칭
牛市	niúshì	명	상승세인 주식시장
斗艳	dòuyàn	동	아름다움을 겨루다. 미모를 다투다
经济腾飞	jīngjì téngfēi	명	경제비상(economic take off)

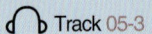

韩国东海岸圈经济自由区域投资环境推介会举行

1月27日上午，韩国东海岸圈经济自由区域（EFEZ）投资环境推介会在商务厅举行，旨在通过小规模IR（投资者关系管理）引导湖南投资者关注韩国东海岸圈经济自由区域。

亚洲处陈大扬处长主持了推介会，认为韩国与湖南的经贸合作关系一直较为密切，在'走出去'、'引进来'方面仍有很大的合作空间。这是韩国东海岸圈经济自由区域厅官员首次来到湖南举行推介会，对该区域内投资环境和优惠政策的解读有助于到会湘企代表获得投资机遇。

东海岸圈经济自由区域厅金县中处长对到会的企业代表表示欢迎和感谢后，播放了东海岸圈经济自由区域宣传片，该宣传片以外国投资者的视角，记录了投资者从初期做出投资选择到最终成功投资运营的全过程，生动形象地展现了东海

어휘

东海岸圈经济自由区域	Dōnghǎi'ànquān Jīngjì Zìyóu Qūyù	명	동해안권 경제자유구역
推介会	tuījièhuì	명	설명회
旨在	zhǐzài	동	~을 목적으로 하다
密切	mìqiè	형	밀접하다. 긴밀하다
首次	shǒucì	명	최초. 처음. 첫 번째
优惠	yōuhuì	형	특혜의. 우대의
解读	jiědú	동	분석하다. 연구하다
有助于	yǒuzhùyú	동	~에 도움이 되다
到会	dàohuì	동	회의에 참가하다
湘	Xiāng	명	후난(湖南)성의 별칭
机遇	jīyù	명	기회. 찬스. 호기
播放	bōfàng	동	방송하다
宣传	xuānchuán	동	(대중을 향하여) 선전하다. 홍보하다

岸圈经济自由区域对外国投资者的巨大吸引力。接着，金镇光主任结合PPT对区域内的北坪地区进行了详细的介绍，重点解读了投资该地区可享受的税收、海关等多方面的优惠政策。

　　在随后的互动环节，对韩国有投资意向的企业代表们踊跃提问，问题涉及土地的购买、签证的办理、韩国市场对其产品的接受程度等诸多方面，韩方代表均给予了细致详尽的解答。

来源：商务部网站

运营	yùnyíng	동 (기구 등을) 운영하다	踊跃	yǒngyuè	동	열렬하다. 앞을 다투다
展现	zhǎnxiàn	동 드러내다. 나타나다	涉及	shèjí	동	관련되다. 연관되다
税收	shuìshōu	명 세금수입. 세수	办理	bànlǐ	동	처리하다. 취급하다
海关	hǎiguān	명 세관	给予	jǐyǔ	동	주다. 부여하다
随后	suíhòu	부 뒤따라. 뒤이어	细致	xìzhì	형	꼼꼼하다. 치밀하다
互动	hùdòng	동 상호작용을 하다	详尽	xiángjìn	형	상세하고 빠짐없다
环节	huánjié	명 일환. 부분				

06 체육

提高体育课质量
增强学生体质

체육 과목의 질 높여 학생의 체력 증강

● 핵심 구문

1. 对(于)……(具)有重大(重要)意义 :
   ~에 대하여 중대한(중요한) 의미를 갖고 있다
2. 提(出)……建议 : ~한 건의를 제시하다
3. 推行……政策: ~정책을 실행하다

● 내용 짐작하기

수업하면서 가장 흥미로운 과목과 그렇지 않은 과목은 무엇인가? 중국의 학생들은 초등학교부터 대학교까지 반드시 수강해야 할 수업이 있는데, 바로 체육 교과목이다. 마오쩌뚱은 '건강이 혁명의 근본이다(身体是革命的本钱)'라고 하여 건강한 몸을 가져야만 공부와 일에 집중할 수 있음을 강조한 바 있다. 그러나 최근 들어 학생들이 성적에 부담을 느끼고, 또 학업으로 바쁜 생활을 하다 보니 일부 학교의 체육 수업의 질이 다소 떨어진 경향이 없지 않다. 체육 수업의 강화와 확대로 학생 체력을 증진하고자 하는 것에 대해 여러분은 어떤 생각을 갖고 있는지 의견을 나누어보자.

提高体育课质量增强学生体质

体育课**对**中小学生的身心发展**具有重大意义**❶，然而现在家长过度看重成绩，体育课越来越不被重视，一定程度上导致学生体质有所下降。两会期间，市人大代表龚艳红、黄巧妹、黄振等6人**提出**关于加强开展中小学体育课的**建议**❷。

龚艳红等代表认为，体育课的开设是为了使学生的身体素质得到锻炼，同时，体育活动也能让学生学会团结协作，增强团队合作意识。但随着体育课意外事件的发生，越来越多的学校减少、甚至取消体育课。这在一定程度上导致学生体质有所下降，长此以往将对孩子的身体发展造成不良影响。体育课学生的安全问题、师资力量和体育场地器材的缺乏都是造成体育课质量下降的主要原因。

针对上述原因，龚艳红等代表建议重视体育课程，增强学生体质，可以通过以下几方面进行：

1、主管部门推行为学生购买保险的政策❸，以此解决学生在校期间的安全问题。

2、加强中小学体育课程改革。开展兴趣选项教学，培养学生对体育课的兴趣，增加积极性。

3、把体育课列入学校全面工作的评估条件，加强学校体育工作规章制度建设，使学校特别是农村学校体育课程逐步实现规范化、科学化。

4、加强体育场地、器材设备的建设。在目前体育经费紧张的情况下，部份农村中小学可以因地制宜，就地取材，鼓励教师和学生自制部分器材，以满足体育教学的需要。

来源：茂名日报(有删节)

어휘

提高	tígāo	동	향상시키다
增强	zēngqiáng	동	증강하다. 강화하다
体质	tǐzhì	명	체질. 체력
意义	yìyì	명	의의. 의미
成绩	chéngjì	명	성적
下降	xiàjiàng	동	하강하다
两会	Liǎng Huì	명	중국인민정치협상회의와 전국인민대표대회
加强	jiāqiáng	동	강화하다
开展	kāizhǎn	동	전개되다. 확대되다
建议	jiànyì	동	제기하다. 제안하다
开设	kāishè	동	(강좌·과정 등을) 개설하다
素质	sùzhì	명	소양. 자질
协作	xiézuò	동	협동하다. 합력하다
长此以往	chángcǐ yǐwǎng	성	(주로 좋지 않은 상황에 쓰여) 계속 이 상태로 나아가다
师资	shīzī	명	교사의 자질
器材	qìcái	명	기자재. 기재. 기구
缺乏	quēfá	동	결핍되다
针对	zhēnduì	동	겨누다. 조준하다. 초점을 맞추다
选项	xuǎnxiàng	동	항목을 고르다
列入	lièrù	동	집어넣다. 끼워 넣다
评估	pínggū	동	평가하다
规章	guīzhāng	명	규칙. 규정
规范化	guīfànhuà	동	규범화하다
因地制宜	yīndì zhìyí	성	지역의 실정에 맞게 대책을 세우다
就地取材	jiùdì qǔcái	성	현지에서 재료를 조달하다

상용 구문

01 对(于)……(具)有重大(重要)意义 ~에 대하여 중대한(중요한) 의미를 갖고 있다

◆ 这种迁移对于防止DNA复制的不稳定性和基因疾病的出现有重大意义。
이런 전이는 DNA 복제의 불완전성의 방지와 유전적 질병의 출현에 중대한 의미를 갖고 있다.

◆ 旅游业对于促进社会经济全面发展具有重要意义。
관광산업은 사회 경제의 전면적 발전을 촉진하는 데 중요한 의미를 갖고 있다.

02 提(出)……建议 ~한 건의를 제시하다

◆ 习近平就建立两国利益和命运共同体提出4点建议。
시진핑 주석은 양국의 이익과 운명공동체에 대해 네 가지 건의를 제시하였다.

◆ 李克强希望企业多给政府出'题目'、提建议，政府也会为企业解难题，服好务。
리커창 총리는 기업이 정부에게 '제목'을 많이 내고 건의를 많이 하며, 정부도 기업을 위해 어려운 점을 해결하는 등의 좋은 서비스를 제공하길 희망한다고 했다.

03 推行……政策 ~정책을 실행하다

◆ 然而，芬兰总理尤哈·西皮莱必须推行这一不受欢迎的政策，来试图重振芬兰的竞争力。
그러나 핀란드 유하 시필레(Juha Sipila) 총리는 이 환영받지 못하는 정책을 반드시 실행하여 핀란드의 경쟁력을 다시 진작시키기를 시도하고 있다.

◆ 近日，有消息称，Uber正在印度推行一系列本地化政策，包括现金支付。
최근 한 소식통에 의하면, Uber는 인도에서 현금 지불 등을 포함하는 일련의 현지화 정책을 실행하고 있다고 한다.

迁移	qiānyí	동 이사하다. 옮겨 가다. 이전하다	试图	shìtú	동 시도하다
基因	jīyīn	명 유전자	重振	chóngzhèn	동 다시 진작하다. 재차 가다듬다
芬兰	Fēnlán	지 핀란드(Finland)			

관련 어휘

✓ 올림픽 **奥林匹克运动会(奥运会)** [Àolínpǐkè Yùndònghuì]
北京时间今天凌晨，倍受关注的2016年奥运会主办权在丹麦首都哥本哈根揭晓。
베이징 시간으로 오늘 새벽, 관심이 집중된 2016년 올림픽 유치권이 덴마크 수도 코펜하겐에서 발표된다.

◆ **冬季奥林匹克运动会(冬奥会)** [Dōngjì Àolínpǐkè Yùndònghuì(Dōngàohuì)] 동계올림픽

✓ 개막식 **开幕(仪)式** [kāimù (yí)shì]
当地时间10月1日，第20届釜山电影节举行，众星云集开幕式红毯。
현지 시간 10월 1일에 제20회 부산국제영화제가 거행되어 많은 스타가 개막식 레드카펫으로 모여 들었다.

◆ **闭幕(仪)式** [bìmù (yí)shì] 폐막식 | **鸟巢** [Niǎocháo] 2008년 베이징 올림픽 주경기장

✓ 올림픽 자원봉사단 **奥运志愿者(义工团)** [Àoyùn zhìyuànzhě (yìgōngtuán)]
四年前，奥运期间成千上万的奥运志愿者用他们的笑脸成就了北京最美的名片。
4년 전, 올림픽 기간에 수많은 올림픽 자원봉사자가 웃는 얼굴로 베이징의 가장 아름다운 명함을 만들어냈다.

✓ 월드컵 **世界杯足球赛** [Shìjièbēi Zúqiúsài]
2018年俄罗斯世界杯足球赛倒计时1000天庆典仪式，18日在莫斯科市中心红场举行。
2018년 러시아 월드컵 D-1000일 경축행사가 18일 모스크바 시내 붉은 광장에서 거행된다.

✓ 1등 **冠军** [guànjūn]
2015北京国际马拉松赛，昨天又诞生了一位非洲冠军。
2015년 베이징 국제 마라톤대회에서 어제 또 아프리카 (출신의) 1등이 탄생하였다.

◆ **亚军** [yàjūn] 2등(2위) | **季军** [jìjūn] 3등(3위)

✓ 은메달 **银牌** [yínpái]
中国继1977年首届世青赛获得银牌后，时隔38年再次在世青赛上收获奖牌。
중국은 1977년 제1회 세계 청소년 축구 선수권 대회에서 은메달을 획득한 이후 38년 만에 다시 이 대회에서 메달을 따게 되었다.

◆ **奖牌** [jiǎngpái] 메달 | **金牌** [jīnpái] 금메달 | **铜牌** [tóngpái] 동메달

어휘

倍受	bèishòu	동	더욱더 받다. 특별히 받다
揭晓	jiēxiǎo	동	(결과를) 발표하다. 공표하다
倒计时	dàojìshí	동	초읽기하다
红场	Hóngchǎng	명	붉은 광장(러시아 연방 모스크바의 중앙부. 크렘린 성벽에 접한 광장)
众星	zhòngxīng	명	뭇 사람. 뭇별
成千上万	chéngqiān shàngwàn	성	수천 수만. 대단히 많다
首届	shǒujiè	명	제1차. 제1기. 제1회
时隔	shígé	부	~만에

06 체육

연습 문제

一 본문 내용에 근거해 다음 내용의 옳고 그름을 O, X로 판단해보세요.

1. 体育课对中小学生的身心发展有好处。
2. 大部分家长都非常关心孩子的体质，对体育课很重视。
3. 体育活动能让学生们增加团队合作意识。
4. 因为害怕体育课发上意外，所有的学校取消了体育课。
5. 体育课学生的安全问题是造成体育课质量下降的原因之一。
6. 代表们希望学生能够自行购买保险。
7. 体育课是老师评估的标准。
8. 如果体育经费紧张，农村学校可以因地制宜、就地取材。

二 보기에서 적당한 어휘를 골라 다음 문장의 빈칸을 채워 완성해보세요.

| 身心　　过度　　开展　　锻炼　　团队　　意外　　师资　　评估　　经费　　因地制宜 |

1. 用脑 _____ ，容易引起头晕眼花，视力下降。
2. 最近我们学校 _____ 为帮助西部贫困山区小学生捐书的活动。
3. 我一直认为在澳大利亚留学时，坚持半工半读，对我自己是一种 _____ 。
4. 因为他成功获得'千人计划'的资格，所以拿到了国家的科研 _____ 。
5. 如果你对那个收藏品很有兴趣，最好先找专家做一下 _____ 。
6. 在老张的带领下，我们的销售 _____ 齐心协力、_____ 地打了一场翻身仗。
7. 她一直是大家心中的冠军人选，却在比赛中 _____ 出局。
8. 我家旁边是一所有名的初中，_____ 力量很强。
9. 假期别拿电视'拴'孩子，不利于他们的 _____ 发展。

본문 내용에 근거하여 다음 문제에 답해보세요.

1. 现在的家长对体育课是什么态度？

2. 人大代表什么时候提出要加强开展中小学体育课的建议的？

3. 哪几个因素造成了体育课质量下降？

4. 代表建议如何解决学生在校期间的安全问题？

5. 如果农村学校没钱购买体育器材设备怎么办？

四 다음 문제에 대해 여러 사람과 함께 토론해보세요.

1. 谈谈你认为现在中小学生体育教学中存在哪些问题。

2. 通过哪些方式可以增强体质？

眼花	yǎnhuā	형	눈이 침침하다
贫困	pínkùn	형	빈곤하다. 곤궁하다
带领	dàilǐng	동	인솔하다. 이끌다. 인도하다
捐书	juān shū	동	책을 기부하다
齐心协力	qíxīn xiélì	성	한마음 한뜻으로 함께 노력하다

销售	xiāoshòu	동	팔다. 판매하다
出局	chūjú	동	도태되다. 실격되다
翻身仗	fānshēnzhàng	명	낙후되고 어려운 상황이나 국면을 타개하기 위한 투쟁. 부활전
拴	shuān	동	얽매어 자유롭게 행동할 수 없다

反腐终结中国对金牌痴迷
大众体育将获益

外媒称，中国正在进行中的反腐行动又产生了一个'牺牲品'：这个国家对金牌痴迷般的追求。

据彭博社网站1月28日报道，中国国家体育总局的一份报告显示，北京将不再因为来自某省的选手在亚运会以及奥运会上获得金牌而奖励省级政府或官员。

报道称，远离'金牌迷恋'是为了让中央纪律检查委员会的监管者满意。中纪委是反腐监督机构，该机构一直致力于清除腐败。

据体育官员称，对金牌的痴迷以及与此相关的经济奖励促使一些运动员和教练员"不择手段地赢得比赛，违背了运动员精神、道德规范和法律"。中国的体育机构现在将把重心转移至增加大众对体育的参与以及改善教育举措上来。

反腐 fǎnfǔ	동 부패에 반대하다	迷恋 míliàn	동 미련을 두다. 연연해하다
终结 zhōngjié	동 끝내다. 종결하다. 완결하다	监督 jiāndū	동 감독하다
痴迷 chīmí	동 사로잡히다. 매혹되다	清除 qīngchú	동 완전히 없애다. 정리하다
获益 huòyì	동 이득을 얻다. 이익을 얻다	腐败 fǔbài	동 썩다. 부패하다
外媒 wàiméi	명 외신. 외국 매체	不择手段 bùzé shǒuduàn	성 목적을 달성하기 위하여 수단 방법을 가리지 않다
牺牲品 xīshēngpǐn	명 희생양		
追求 zhuīqiú	동 추구하다		
彭博社 Péngbóshè	명 블룸버그(Bloomberg) 통신 (미국의 경제 전문 통신사)	违背 wéibèi	동 위반하다. 어기다
		举措 jǔcuò	명 거동. 조치
奖励 jiǎnglì	동 장려하다. 표창하다	竭力 jiélì	동 진력하다

报道称，中国长期以来竭力在国际赛事上获得更多金牌。在2008年北京奥运会上，中国的运动员一共获得了100枚奖牌，其中金牌数量达到51枚。在伦敦，中国运动员获得了38枚金牌，仅比美国的金牌数量少八枚。

为提高在国际赛事中的成绩，中国建立了一个集中的体育计划，与苏联以及东德的计划相似。批评人士抱怨此举的成本，但这种体系产生了冠军——尤其是在速度滑冰以及跳水等个人项目中。

报道说，但中国的参赛者通常都承受着要赢得比赛的巨大压力。即便是赢得银牌和铜牌的比赛成绩也被认为是不够好的。在2012年，银牌获得者吴景彪在国家电视台上忍不住失声痛哭。

吴景彪当时说："我有愧于祖国，有愧于中国举重队，有愧于所有关心我的人。"

来源：消息网(有删节)

赛事	sàishì	명	경기. 대회	国家电视台	Guójiā Diànshìtái	명	국영방송
抱怨	bàoyuàn	동	원망을 품다. 원망하다	失声痛哭	shīshēng tòngkū		목이 잠기도록 실컷 울다
巨大	jùdà	형	아주 크다	有愧	yǒukuì	동	부끄러운 마음이 있다
压力	yālì	명	스트레스. 부담	举重	jǔzhòng	명	역도
即便	jíbiàn	접	설령 ~하더라도				

07 한류

去年〈爸爸去哪儿〉火了
今年〈花样爷爷〉要红

작년엔〈아빠 어디가〉열풍,
올해는〈꽃보다 할배〉인기 기대

● **핵심 구문**

1. 从……了解到 : ~로부터 이해한 바에 따르면, ~로부터 들을 바로는
2. 有(了)明显增长 : 뚜렷한 증가가 있다, 증가세가 눈에 띈다
3. 对记者表示 : 기자에게 말하기를, 기자에게 말하다

● **내용 짐작하기**

중국 내 '한류'는 더 이상 화려한 패션과 몇 곡의 유행가, 드라마에 열광하는 정도가 아니다. 이를 포함한 한국 문화는 시각·미각·청각, 심지어 연예 오락면에서도 중국에 많은 영향을 끼치고 있다. 몇몇 한국의 인기 예능 프로그램은 최근 중국 시청자의 지대한 관심을 끌기 시작했고, 또 일부는 복제판이 만들어지기도 했다. 이러한 한류 현상에 대해 여러분은 어떤 생각을 갖고 있으며, 또 지속적으로 유지되기 위해서는 어떤 조치들이 후속되어야 할지 생각해보자.

去年〈爸爸去哪儿〉火了
今年〈花样爷爷〉要红

　　去年，湖南卫视的亲子真人秀〈爸爸去哪儿〉大获成功，加盟节目的'爸爸'们都火了。据了解，韩国综艺节目〈花样爷爷〉已被东方卫视引进，也就是说，今年或许轮到'爷爷'们走红。和〈花样爷爷〉一样，〈爸爸去哪儿〉也是引自韩国，这个节目在韩国叫〈爸爸我们要去哪儿〉，是韩国三大综艺节目之一。

　　另外两个节目中，〈两天一夜〉已落户四川卫视，〈Running Man〉也将在今年进军中国。记者从浙江卫视了解到❶，他们正在与SBS联合研发中国版的〈Running Man〉，暂定名为〈跑起来，好兄弟〉，节目有望在今年第四季度亮相。

　　如今，韩国综艺节目的版权成为国内各大电视台哄抢的对象，〈我们结婚了〉、〈妈妈咪呀〉、〈不朽的名曲〉等韩国综艺节目纷纷在国内开播，SBS、

zejiangweishi

sichuanweishi

MBC、KBS三大电视台的综艺节目甚至需要提前预订版权，就连韩国有线频道TVN旗下的〈The Romantic〉、〈三个傻瓜〉、〈游戏的法则〉等节目的版权也已售卖一空。

　　韩国综艺节目版权遭哄抢的同时，版权费也有了明显增长❷。从事各国综艺节目模式研究的乐正传媒总监彭侃对记者表示❸，现在"基本是出一个卖一个的节奏，有些节目还在研发期，就已经被卖了"。彭侃表示，以前一集是1万至3万美元之间，如今水涨船高，最高的甚至达到原来价格的10倍。不少业内人士透露，此前湖南卫视引进〈我是歌手〉、〈爸爸我们要去哪儿〉时的平价时代，已经一去不复返了。

来源：城市快报(有删节)

어휘

火	huǒ	형	번창하다. 융성하다
花样	huāyàng	형	꽃같은. 꽃다운
卫视	wèishì	명	위성TV(卫星电视)의 약칭
真人秀	zhēnrénxiù	명	리얼리티 텔레비전 프로그램
加盟	jiāméng	동	단체(조직)에 가입하다
综艺	zōngyì	명	종합 예술
引进	yǐnjìn	동	도입하다. 끌어들이다
也就是说	yě jiùshì shuō		바꾸어 말하자면 ~이다
走红	zǒuhóng	동	인기가 오르다. 환영을 받다
落户	luòhù	동	(타지에) 정착하다. 자리잡다
进军	jìnjūn	동	(군대가 목적지로) 진군하다
暂定	zàndìng	동	임시로 정하다. 잠정하다
季度	jìdù	명	분기
亮相	liàngxiàng	동	모습을 드러내다
版权	bǎnquán	명	저작권
哄抢	hōngqiǎng	동	떼를 지어 다투어 사다
不朽	bùxiǔ	형	영구하다. 불후하다
开播	kāibō	동	방송을 시작하다
预订	yùdìng	동	예약하다. 예매하다
频道	píndào	명	채널
旗下	qíxià	명	아래. 밑. 부하
售卖	shòumài	동	팔다. 판매하다
一空	yīkōng	형	아무것도 없다. 텅 비다
遭	zāo	동	겪다. 만나다. 부닥치다
传媒	chuánméi	명	TV·라디오·신문 등의 매체 (传播媒介의 약칭)
总监	zǒngjiān	명	총감독
水涨船高	shuǐzhǎng chuángāo	성	주위 환경에 따라 그 부대 상황도 변한다
透露	tòulù	동	누설하다. 암시하다. 시사하다
一去不复返	yíqù bú fùfǎn	성	한 번 가면 다시 돌아오지 않다

상용 구문

01 从……了解到 ~로부터 이해한 바에 따르면, ~로부터 들을 바로는

- 记者从济南交警支队了解到，节假日公交车道政策是专门在节假日为保证公交优先而启用的。
  기자가 지난(济南)시 교통경찰 파견대로부터 들은 바로는 휴일 버스차로 정책은 주로 휴일에 버스가 우선하도록(우선 운행하도록) 보장하기 위해 시작된 것이라고 한다.

- 四川新闻网记者从省气象台了解到，假期后期省内雨水少，秋凉阵阵。
  쓰촨(四川) 인터넷 뉴스 기자가 성(省) 기상청으로부터 들은 바로는 휴일 마지막에 성 전체에 걸쳐 비가 조금 내리고 시원하고 상쾌할 것이라고 한다.

02 有(了)明显增长 뚜렷한 증가가 있다, 증가세가 눈에 띈다

- 十一刚刚结束，在高铁的带动下，黄金周期间客流量较往年有明显增长。
  10월 1일이 막 끝났는데, (올해는) 초고속 열차의 운항에 힘입어 황금연휴 기간 동안 승객의 유동량이 작년보다 뚜렷한 증가세를 보였다.

- 今年前两个月，美国进口了大量白银，尤其是和去年同期相比，进口量有明显增长。
  올해 지난 두 달 동안 미국은 대량의 은을 수입하였는데, 특히 작년 같은 때와 비교하면 수입량이 뚜렷한 증가를 나타내고 있다.

03 对记者表示 기자에게 말하기를, 기자에게 말하다

- 南开大学APEC研究中心副主任刘晨阳对记者表示，美国制定的规则对美国最有利。
  난카이(南开) 대학 APEC연구소 부주임인 류천양은 미국이 제정한 규칙은 미국에게 가장 유리하다고 기자에게 말했다.

- 相关人士就对记者表示，"改革并非易事，还有大量工作要做。"
  관련 인사는 "개혁은 결코 쉬운 일이 아니라서 해야 할 일이 많이 있다."라고 기자에게 말했다.

支队	zhīduì	명 파견대	秋凉	qiūliáng	명 가을의 시원하고 상쾌한 날씨
优先	yōuxiān	동 우선하다	阵阵	zhènzhèn	부 이따금씩. 가끔. 간간이
启用	qǐyòng	동 (공금·물자 등을) 사용하기 시작하다. 사용에 투입하다	带动	dàidòng	동 (동력을 전달하여) 움직이게 하다

관련 어휘

✓ 한류스타 **韩流明星(韩星)** [hánliú míngxīng]
  想知道**韩流明星**怎么过年吗，和小编一起来了解一下吧。
  한류스타가 어떻게 설날을 보내는지 알고 싶나요? 편집자와 함께 알아봅시다.

✓ 한국 유행가요(K-POP) **韩国流行音乐** [hánguó liúxíng yīnyuè]
  除了影视方面，**韩国流行音乐**在亚洲乐坛甚至世界乐坛都有一定的影响力。
  영상 분야 외에 K-POP은 아시아 음악계, 심지어 세계 음악계에 어느 정도의 영향력을 갖고 있다.

  ◆ **韩国电视剧(韩剧)** [hánguó diànshìjù] 한국 드라마 | **演唱会** [yǎnchànghuì] 콘서트

✓ 팬 **追星族(粉丝)** [zhuīxīngzú (fěnsī)]
  7月20日：他晚间抵达台湾，**追星族**到机场接机，上百位歌迷挤爆机场大厅。
  7월 20일 밤, 그가 타이완에 도착하니 팬들이 공항에 나와 마중하고 수백 명의 가수팬들이 공항 로비를 가득 메우고 있었다.

✓ 오빠 **欧巴** [ōubā]
  韩剧〈继承者们〉里的**欧巴**都开什么车?
  한국 드라마〈상속자들〉속의 오빠는 모두 어떤 차를 운전하는가?

  ◆ **长腿欧巴** [chángtuǐ ōubā] 긴 다리 오빠 | **韩国欧巴** [hánguó ōubā] 한국의 키 크고 잘 생긴 오빠

✓ 연예기획사 **娱乐公司** [yúlè gōngsī]
  韩国SM**娱乐公司**和YG**娱乐公司**2014年的收入相较前一年大幅上升，均创下了公司成立以来的最高纪录。
  한국 연예기획사 SM과 YG의 2014년 수입이 전년 대비 큰폭으로 증가하여 모두 다 회사 창립 이래 가장 높은 기록을 세웠다고 한다.

✓ 연예인 **艺人** [yìrén]
  晨报讯：近年来，个别明星**艺人**屡屡陷入吸毒丑闻引发了社会广泛关注。
  새벽일보에 따르면, 최근 몇 년 몇몇 스타 연예인이 자주 마약 스캔들에 연루되어 사회의 폭 넓은 관심을 모았다고 한다.

어휘

抵达	dǐdá	동	도착하다. 도달하다
挤爆	jǐbào	동	꽉 차다. 가득 메우다
创下	chuàng xià	동	(기록 등을) 세우다. 도달하다
屡屡	lǚlǚ	부	여러 차례. 누차
陷入	xiànrù	동	(불리한 지경에) 빠지다. 떨어지다
丑闻	chǒuwén	명	추문. 스캔들
吸毒	xīdú	동	마약을 복용하다

연습 문제

一 본문 내용에 근거해 다음 내용의 옮고 그름을 O, X로 판단해보세요.

1. 〈爸爸去哪儿〉中的爸爸们都上火了。
2. 很多韩国综艺节目被中国各地方卫视引进。
3. 〈两天一夜〉是韩国三大综艺节目之一。
4. 〈Running Man〉将在中国的四川卫视播出。
5. 国内各大电视台哄抢韩国综艺节目的版权。
6. 韩国综艺节目的版权费增加了很多。
7. 有些韩国节目还在研发就已经被卖了。
8. 〈我是歌手〉的版权费已经达到10万美元。

二 보기에서 적당한 어휘를 골라 다음 문장의 빈칸을 채워 완성해보세요.

> 加盟　引进　走红　版权　对象　开播　预订　售卖一空　水涨船高　透漏

1. 现在孩子的压岁钱＿＿＿＿＿，春节期间很多孩子收入'过万'。
2. 小燕子赵薇因为出演了〈环珠格格〉，一夜成名，迅速＿＿＿＿＿。
3. 李健＿＿＿＿＿了湖南台的〈我是歌手〉后，人气猛升。
4. 因为＿＿＿＿＿了韩国著名综艺节目〈Running Man〉，浙江卫视的收视率增加了。
5. 〈中国正在听〉＿＿＿＿＿在即，＿＿＿＿＿费高达8000万。
6. 我周围好几个朋友已经＿＿＿＿＿了苹果的新手机。
7. 这是重要的机密，决不可以＿＿＿＿＿一点信息。
8. 因为错误言论的发表，他成了被批评的＿＿＿＿＿。
9. 昨天下午5点，某大型超市的元宵专柜就已经＿＿＿＿＿。

본문 내용에 근거하여 다음 문제에 답해보세요.

1. 〈花样爷爷〉和〈爸爸去哪儿〉的共同之处是什么？

2. 韩国三大综艺节目是什么？

3. 〈两天一夜〉在哪个电视台播出？

4. 韩国综艺节目在中国很火，导致什么结果？

5. 根据文章，哪个节目的版权费不算高？

 다음 문제에 대해 여러 사람과 함께 토론해보세요.

1. 你喜欢看什么综艺节目，为什么？

2. 你认为韩国综艺节目那么流行有什么原因？

| 一夜成名 | yíyè chéngmíng | 하룻밤에 스타가 되다 | 在即 | zàijí | 동 (어떤 상황이) 임박하다. 다가오다 |
| 猛升 | měngshēng | 동 급상승하다 | 专柜 | zhuānguì | 명 전문 판매대 |

'韩流'疯狂何时休？

'韩流'进入中国已有近20年，从韩剧到韩星，再到今天的韩式综艺，其火爆的程度从没降低过。追星一族的疯狂已经到了难以控制的地步，为了韩星动手打架、网上互骂，饿着肚子花重金买演唱会门票，韩粉们已经'着魔'了。一个隔着万水千山的人竟能迷得小姑娘们神魂颠倒，近距离看一眼都能晕倒，韩星的影响怎么就那么大？这种畸形的追星方式、追星心理已经造成了非常恶劣的社会影响，'韩流'疯狂何时能休？

疯狂追星伤心又伤身。年轻人疯狂追星首先要有物质支持，因为与明星有关的东西多而贵，没有钱就没有疯狂的资本，为此，追星族家庭就要付出很大代价

韩流	Hánliú	명	한류. 한국 붐(boom)
疯狂	fēngkuáng	형	미치다. 미친 듯이 날뛰다
火爆	huǒbào	형	왕성하다. 흥성하다. 번창하다
降低	jiàngdī	동	내리다. 낮추다. 줄이다
追星	zhuīxīng	동	스타를 우상으로 받들다. 스타를 숭배하다
控制	kòngzhì	동	규제하다. 억제하다
动手	dòngshǒu	동	손찌검하다. 만지다
打架	dǎjià	동	때리며 싸우다. 다투다
互骂	hùmà	명	욕설
重金	zhòngjīn	명	거금. 큰돈. 고가
韩粉	Hánfěn	명	한국팬
着魔	zháomó	동	귀신에게 홀리다
万水千山	wànshuǐ qiānshān	성	노정이 멀고 험난하다
颠倒	diāndǎo	동	뒤바뀌다. 뒤섞여 어수선하다
看一眼	kànyìyǎn		흘끗 보다
晕倒	yūndǎo	동	기절하여 쓰러지다
畸形	jīxíng	형	기형적이다. 비정상적이다
恶劣	èliè	형	아주 나쁘다. 열악하다
付出	fùchū	동	지급하다. 지불하다
费尽周折	fèijìn zhōuzhé		숱한 곡절을 겪다

来支持还未独立的一代，这让许多家庭难以承受。其次，追星也是件非常伤心的事，因为见明星一面是难之又难，费尽周折最多也就能远远看一眼，伤心。如果真能近距离接触，许多小姑娘一激动又晕了，醒来后悔不已，更伤心。明星，就像天边的星星，再怎么追也是遥不可及，所以，请善待自己，理性追星。

　　明星高价出场费是市场'追'出来的。众所周知，韩国明星虽如此火爆但其出场费与中国明星相比还是相差甚远，所以许多韩星纷纷来中国'挖金'。近些年，不仅韩星，就连中国明星的身价也翻了不少倍，一集综艺节目的出场费就能达到数百万。明星的高价出场费是市场调节的结果，换句话说就是我们这些疯狂的追星族追出来的。明星可以追，但要讲究方式，要理性，不能为了追星而不顾一切，追星是一种精神追求，必须与现实生活划清界限。

来源：中国网(有删节)

어휘

后悔	hòuhuǐ	동	후회하다. 뉘우치다
遥不可及	yáobù kějí		아득하여 닿지 않다
善待	shàndài	동	잘 대접하다. 우대하다
出场费	chūchǎngfèi	명	개런티. 출연료
众所周知	zhòngsuǒ zhōuzhī		모두 다 알다
相差	xiāngchà	동	서로 차이가 나다
挖金	wājīn	동	금을 캐다
身价	shēnjià	명	몸값. 명성과 지위
不顾一切	búgù yíqiè		아무것도 따지지 않다
划清	huàqīng	동	분명하게 구분(구별)하다

08 여행

文明旅游需要教育和制度并行

교양 있는 여행도 교육과 제도의 병행 필요해

핵심 구문

1. 随着……临近 : ~가 다가옴에 따라
2. 与……(不)相符 : ~와 서로 일치하다(일치하지 않다)
3. 从……入手 : ~에서 착수하다, 개시하다

내용 짐작하기

여행은 바쁘게 생활하는 도시인들이 긴장된 생활 리듬에서 벗어나 스트레스를 해소할 수 있는 계기가 될 수 있다. 그러나 즐거워야만 할 여행에서 우리는 간혹 불편이나 불쾌감을 느끼는 경우가 있다. 이를 최소화하기 위해 모두 기본적인 여행 에티켓을 지켜야 하는데, 여행 에티켓에는 어떤 것들이 있는지 생각해 보자. 최근 나날이 늘어나는 해외여행으로 중국 내에서도 '교양 있는 여행'을 강조하는 풍조가 생겼는데, 이에 관련해서도 의견을 나누어보자.

文명旅游需要教育和制度并行

　　随着春节假期的**临近**❶，一些人选择回家与亲人团聚，也有一些人想利用假期外出旅游，不管到哪儿，文明旅游都是大家都需要遵守的规则。

　　近些年，国人的足迹遍布世界各地，出现了一些**与文明不相符**❷的行为：随地吐痰、乱丢垃圾、乱写乱涂等等，这些现象的出现在一定程度上反映了国人的素质水平。只有公民的文明素质提高了，才能从根本上解决文明旅游的问题。因此，公民的素质提升成为一个亟待解决的问题。提升素质就要依靠教育，要**从家庭、社会、单位、学校等入手**❸，以公德教育和人格教育为主要内容，教育、引导好公民，构建社会共同的文明格局。

　　在素质教育的基础上，还需要制定切实可行的制度，加大对不文明旅游行为的约束。早在2006年，中央文明办、国家旅游局联合颁布了《中国公民出境旅游文明行为指南》、《中国公民国内旅游文明行为公约》。时隔近10年，公民

不文明旅游的现象改观不大。这说明仅仅依靠宣传、教育、引导、倡议，仍会有部分人的观念不改变，不能自律，那就需要用制度来加大监管。

　　近日国家旅游局发布信息表示，中国将从今年分级建立游客旅游不文明档案，制定并实施《游客旅游不文明记录管理办法》，这个办法从国家层面上建立游客黑名单，从一定程度上能给不文明游客一些约束，但要让游客黑名单真正发挥作用，还需要制定切实可行、具备可操作性的实施细则，真正让不文明游客为自己的不文明行为'买单'。

来源：云南文明网(有删节)

어휘

Track 08-2

文明	wénmíng	명 문화. 문명	형 교양이 있다
临近	línjìn	동 (시간·거리상) 근접하다
团聚	tuánjù	동 한 자리에 모이다
不管	bùguǎn	접 ~를 막론하고
遵守	zūnshǒu	동 (규칙을) 준수하다. 지키다
规则	guīzé	명 규칙. 규정. 법규
足迹	zújì	명 발자국. 발자취
遍布	biànbù	동 널리 퍼지다
相符	xiāngfú	형 서로 일치하다
随地	suídì	부 어디서나. 아무 데나
吐痰	tǔtán	동 침을 뱉다
亟待	jídài	동 시급히 (~을) 요하다
依靠	yīkào	동 의존하다. 의지하다
公德	gōngdé	명 공중도덕
构建	gòujiàn	동 세우다. 수립하다
切实	qièshí	형 확실하다. 적절하다
约束	yuēshù	동 단속하다. 규제하다
颁布	bānbù	동 공포하다. 반포하다
指南	zhǐnán	명 지침. 지침서
改观	gǎiguān	동 면모를 일신하다
倡议	chàngyì	동 제의하다. 제안하다
监管	jiānguǎn	동 감시(감독) 관리하다
档案	dàng'àn	명 문서. 서류
黑名单	hēimíngdān	명 블랙리스트. 감시 대상 명단
细则	xìzé	명 세칙. 세부 규정
买单	mǎidān	동 계산하다

상용 구문

01 随着……临近 ~가 다가옴에 따라

◆ 随着春运临近，开往部分方向的火车票、机票已开始紧张。
설날특별운송 기간이 다가옴에 따라 일부 방향의 기차표와 비행기표가 이미 부족하기 시작했다.

◆ 随着春节的临近，猪肉消费进入了全年销售的最旺季。
설날이 다가옴에 따라 돼지고기의 소비가 한 해 전체 소비의 최고 성수기에 들어갔다.

02 与……(不)相符 ~와 서로 일치하다(일치하지 않다)

◆ 英国流感死亡率高，是因为所研制疫苗与病种不相符。
영국 유행성 감기의 사망률은 높은데, 제작한 백신과 질병 종류가 서로 일치하지 않기 때문이다.

◆ 中国会主动承担与国情相符的国际义务。
중국은 주동적으로 나라 정황과 맞는 국제 의무를 감당하려고 한다.

03 从……入手 ~에서 착수하다, 개시하다

◆ 2015年，临沂市将从五个方面入手，稳步推进全市教育综合改革工作。
2015년, 린이(临沂)시는 5개 방면에서 시작하여 점진적으로 시 전체의 교육 종합 개혁 작업을 추진하려고 한다.

◆ 外汇保证金技术分析应该从哪几方面入手？
외화 보증금 기술 분석은 어느 방면에서 시작해야 할까?

春运	chūnyùn	명 설날특별운송		疫苗	yìmiáo	명 백신
开往	kāiwǎng	동 (부대·차·배·비행기 등이) ~를 향하여 출발하다. ~으로 가다		研制	yánzhì	동 연구 제작하다
				稳步	wěnbù	부 착실하게. 안정되게
旺季	wàngjì	명 (영업·생산·여행 등이) 한창인 때. 성수기		承担	chéngdān	동 맡다. 담당하다

관련 어휘

✓ 관광명소　　**旅游景点** [lǚyóu jǐngdiǎn]

去马尔代夫旅游可以到哪些旅游景点游玩？
몰디브에 여행 가면 어느 관광명소에 가서 즐길 수 있나요?

✓ 관광업 종사자　**旅游从业人员** [lǚyóu cóngyè rényuán]

据统计，目前福绵区乡村旅游从业人员达2000余人。
통계에 따르면 현재 푸멘(福绵) 지역 농촌의 관광업 종사자가 2,000여 명에 달한다고 한다.

◆ **景区** [jǐngqū] 관광지구 | **旅游行业** [lǚyóu hángyè] 여행업

✓ 해외여행을 하다　**出境旅游** [chūjìng lǚyóu]

出境旅游依然保持了较高的增速，10月1日到4日出境旅游人次(除香港外)同比增长37%。
해외여행은 여전히 상당이 높은 증가세를 유지하며 10월 1일~4일 동안 해외여행 인원(홍콩 이외)이 전년 동기 대비 37%가 증가하였다.

◆ **出(入)境游客** [chū(rù)jìng yóukè] 해외여행을 간 관광객/(외국인 관광객) |
　入境随俗 [rùjìng suísú] 입국한 곳의 풍속을 따르다

✓ 여행 가이드　**导游** [dǎoyóu]

张家界的导游为何进了首批黑名单？
장자제의 가이드들이 왜 가장 먼저 블랙리스트에 올랐는가?

✓ 자가용 여행(객)　**自驾游(客)** [zìjiàyóu(kè)]

灵山景区数据统计，其接待的游客总量中有70%为自驾游客，团队游客则同比减少了15%左右。
링산(灵山) 관광구 데이터 통계에 따르면, 찾는 여행객 중 총 70%가 자가용 여행객이고, 단체 관광객은 전년 동기 대비 15% 정도 감소하였다.

◆ **团队旅游** [tuánduì lǚyóu] 단체여행 | **自助游** [zìzhùyóu] 자유여행

✓ 함께 배낭여행을 하는 친구　**驴友** [lǘyǒu]

该以怎样的方式，让任性的驴友付出代价？
어떤 방식으로 제멋대로인 배낭 여행객에게 대가를 치르게 해야 할까?

어휘

马尔代夫　Mǎ'ěrdàifū　지 몰디브(Maldives)
首批　shǒupī　명 첫 번째
任性　rènxìng　형 제멋대로 하다. 마음 내키는 대로 하다

연습 문제

一 본문 내용에 근거해 다음 내용의 옳고 그름을 O, X로 판단해보세요.

1. 春节假期时，绝大部分人都选择外出旅游。 _____
2. 文明旅游是大家都应该遵守的规则。 _____
3. 有些国人在外旅游时随地吐痰、乱丢垃圾。 _____
4. 公民提高素质需要依靠罚款。 _____
5. 靠宣传、教育、引导、倡议就能使人们的观念改变，自律。 _____
6. 在素质教育的基础上，还要制定切实可行的制度。 _____
7. 中国从今年开始分级建立游客旅游不文明档案。 _____
8. 不文明游客在旅游时要自己买单。 _____

二 보기에서 적당한 어휘를 골라 다음 문장의 빈칸을 채워 완성해보세요.

| 团聚 | 遵守 | 足迹 | 依靠 | 约束 | 颁布 | 监管 | 分级 | 黑名单 | 买单 |

1. 信用不良记录的人将上 _____ ，银行不会再给其发放贷款。
2. 我们不能让无辜的人为不 _____ 交通规则的人 _____ 。
3. 红楼梦剧组的成员将在今年的春晚上 _____ 。
4. 他只身一人来到纽约， _____ 自己顽强的毅力和聪明才智，终于闯出名堂。
5. 美国的电影采取 _____ 制度，方便人们有选择的观看电影。
6. 身为一名摄影记者，他的 _____ 遍布世界各地。
7. 新婚姻法 _____ 两个月以来，在社会上的反响很大。
8. 政府 _____ 不力，原因何在？
9. 他自由惯了，根本受不了任何 _____ 。

三. 본문 내용에 근거하여 다음 문제에 답해보세요.

1. 春节假期，人们都干什么？
   _____

2. 国人的不文明行为有哪些？
   _____

3. 怎样提高国人的素质？
   _____

4. 为什么在素质教育的基础上，还要用制度来加大监管？
   _____

5. 近日国家旅游局有什么措施？
   _____

四. 다음 문제에 대해 여러 사람과 함께 토론해보세요.

1. 说说你看到的不文明旅游的现象？
   _____

2. 在旅游时，怎样才能做一位文明旅游者？
   _____

贷款	dàikuǎn	동 (은행에서) 대출하다
无辜	wúgū	형 무고하다. 죄가 없다
剧组	jùzǔ	명 (배우를 포함한) 연극·영화의 제작진

| 只身一人 | zhīshēn yìrén | 홀가분하다. 혼자 |
| 闯出名堂 | chuǎngchū míngtáng | 개척해나가다 |

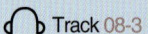

韩国人海外旅行人均支出近万元
最想去巴黎和美国

据韩联社报道，韩国人去年人均海外旅行支出费用达167万韩元(约合人民币9800元)以上，'巴黎'被选为韩国人最想去的城市。

韩国万事达卡最近针对居住在首尔、釜山的18岁到64岁的人群做了关于'消费排行榜'的问卷调查。调查结果显示，2014年一年期间，除出差以外的海外旅行消费中，人均海外旅行支出约为166.89万韩元，约为国内人均旅行消费的4倍。

其中，包括机票在内的交通费32%所占比重最高，其后依次为住宿22%、饮食16%、购物12%、娱乐10%等费用。

支出	zhīchū	명 동	지출(하다)	针对	zhēnduì	동 겨누다. 대하다
巴黎	Bālí	지	파리(Paris)	排行榜	páihángbǎng	명 순위(표)
约合	yuēhé	동	대략 ~과 맞먹다. 대략 ~에 상당하다	问卷	wènjuàn	명 설문조사
				购物	gòuwù	동 상품을 구입하다
万事达卡	Wànshìdákǎ	명	마스터카드(master card)	其次	qícì	대 다음. 그 다음. 버금

在'最想去哪个城市旅游？'的问题中，14%的人选择去法国巴黎，其次是美国纽约9%、澳洲悉尼5%。在'最想去的国家'排名中，美国位居第一，占55%，其次为澳洲53%、加拿大42%等。

被调查人群中，59%的人表示去年一年期间至少有过一次海外旅行，并且该人群中的84%的人表示期望今年能有更多机会去海外旅行。

来源：人民网

纽约	Niǔyuē	지	뉴욕(New York)	排名	páimíng	동	이름을 배열하다. 순위를 매기다
澳洲	Àozhōu	지	오세아니아(Oceania). 대양주(大洋洲).	期望	qīwàng	동	기대하다
悉尼	Xīní	지	시드니(Sydney)				

09 기후

国务院拟规定严重雾霾时政府可责令停产限行

국무원 심각한 스모그 발생시 정부가 생산중단과 운행제한 할 수 있는 법규 제정 예정

● 핵심 구문

1. 向……征求意见 : ~에게 의견을 구하다(듣다)
2. 建立……体系 : ~체계를 세우다
3. 实施……制度 : ~제도를 실시하다

● 내용 짐작하기

중국의 많은 지역에서는 스모그를 재난성 기상 현상으로 보고, 이에 관한 경보 예보를 하는데, 스모그가 나타나는 날을 일명 '雾霾天气(스모그 날씨)'라고 한다. 최근 몇 년간 '스모그'는 중국에서 연중 키워드가 되었고, 2013년 1월에는 스모그 현상이 30개의 성(구, 시)을 뒤덮었으며, 베이징에서는 2014년 9월 한 달 간 단지 5일만 스모그가 발생하지 않았다. 보도에 따르면, 중국 500여 개의 대도시 중 소수의 몇 개 도시만이 세계보건기구가 정한 공기 질량 표준에 부합하였다고 한다. 스모그는 건강에 위해를 끼치기 때문에 정부와 개인 모두 스모그와 환경오염, 환경 개선에 관심을 갖기 시작했다. 어떻게 하면 오염을 줄이고, 좀 더 나은 환경에서 생활할 수 있을지 다함께 생각해보자.

国务院拟规定严重雾霾时
政府可责令停产限行

国务院法制办昨日就《大气污染防治法(修订草案征求意见稿)》向社会公开征求意见❶。征求意见稿规定,我国将建立重污染天气监测预警体系❷,实施排污许可制度❸,同时突出燃煤、机动车、扬尘等重点领域以及重点区域的大气污染防治。

根据意见稿,可能发生严重雾霾等重污染天气时,省级人民政府须适时发出预警,县级以上地方人民政府将依据重污染天气预警启动应急响应,采取责令有关企业停产限产、限制部分机动车行驶等应对措施。

根据意见稿,今后地方政府如果编制可能对大气环境造成污染的重点领域规划,需要征求相关省份意见,并将会商和采纳情况作为该规划审批的重要依据。

现行的《大气污染防治法》修订于2000年。在过去的3年中，雾霾天气频繁出现于北京、上海、天津等大城市中，治理大气污染成为迫在眉睫的问题。去年9月，国务院发布部署大气污染防治十条措施。14年前的这部法律已经与当前严峻的大气污染形势不相适应。

　　与现行的《大气污染防治法》相比，本次征求意见稿增加了'大气污染防治的标准和规划'、'重点区域大气污染联合防治'和'重污染天气应对'三章。

来源：南方都市报

어휘

Track 09-2

国务院	Guówùyuàn	명	국무원(중화인민공화국의 최고 행정기관)
拟	nǐ	동	계획하다. 입안하다. ~하려고 하다
雾霾	wùmái	명	초미세먼지. 스모그
责令	zélìng	동	책임을 지우다. 명령을 내리다
限行	xiànxíng	동	차량의 통행을 제한하다
防治	fángzhì	동	예방 치료하다
征求	zhēngqiú	동	탐방하여 구하다. 묻다
监测	jiāncè	동	검사하다. 모니터링하다
预警	yùjǐng	동	미리 경계하다. 조기 경보하다
排污	páiwū	동	오물을 배출하다
许可	xǔkě	동	허가하다. 승낙하다
燃煤	ránméi	명	석탄
扬尘	yángchén	명	날리는 먼지
须	xū	동	반드시 ~하여야 한다. ~할 필요가 있다
适时	shìshí	형	시기가 적절하다. 제때에 하다
启动	qǐdòng	동	시작하다. 시행하다
应急	yìngjí	동	긴급 상황에 대처하다
响应	xiǎngyìng	명 동	응답(하다). 대응(하다)
应对	yìngduì	동	대응하다. 대처하다
编制	biānzhì	동	편성하다. 작성하다
会商	huìshāng	동	(쌍방 또는 그 이상이) 만나서 의논하다. 공동으로 상의하다
采纳	cǎinà	동	수락하다. 채택하다
规划	guīhuà	명 동	기획(하다)(종합적이고 장기적인 발전 계획에 쓰임)
审批	shěnpī	동	심사하여 허가하다
治理	zhìlǐ	동	관리하다
迫在眉睫	pòzài méijié	성	상황이 매우 긴박하다
部署	bùshǔ	동	배치하다. 안배하다
严峻	yánjùn	형	심각하다

상용 구문

01 向……征求意见 ~에게 의견을 구하다(듣다)

◆ 网络安全法草案7月6日起在中国人大网上全文公布，并向社会公开征求意见。
인터넷 안전법 초안이 7월 6일부터 중국 인민대회 홈페이지에 전문이 공포되고 더불어 사회에 공개적으로 의견을 구하려고 한다.

◆ 校车安全条例草案向社会征求意见，日前结束。
학교 버스 안전 조례 초안에 대해 대중에게 의견을 묻는 것이 며칠 전에 마무리되었다.

02 建立……体系 ~체계를 세우다

◆ 全省建立健全安全生产责任体系，全省生产标准监管机制特色鲜明，亮点突出。
모든 성이 건전하고 안전한 생산 책임 체계를 건립하여 전체 성의 생산 표준 감독 체재의 특색을 명확히 하고, 좋은 점들이 드러나게 하려고 한다.

◆ 随着生活方式的改变，我国糖尿病患者已达9000多万人，建立科学的防治体系十分重要。
생활 방식의 변화에 따라 우리나라 당뇨병 환자가 이미 9,000여만 명에 달하여, 과학적인 예방과 치료의 체계 건립이 매우 중요하다.

03 实施……制度 ~제도를 실시하다

◆ 重庆将实施城乡统一的户口登记制度，取消农业户口与非农业户口性质区分。
충칭(重庆)은 도시와 농촌의 단일화 된 주민등록제도를 실시하여 농업과 비농업 호적의 성질 차이를 없애려고 한다.

◆ 今年9月1日起，新的城乡居民医保制度将在市区先行实施。
올해 9월 1일부터 도농 주민의 새로운 의료보험 제도를 도시에서 먼저 실시하고자 한다.

监管	jiānguǎn	동 감독 관리하다		户口	hùkǒu	명 호적
亮点	liàngdiǎn	명 빼어난 점. 특이한 것		区分	qūfēn	동 분별하다. 나누다
突出	tūchū	형 돋보이다. 두드러지다				

관련 어휘

✓ 황사   **沙尘暴** [shāchénbào]

4月15日，肆虐中国北方地区的沙尘卷土而来，北京遭遇了近13年来最强沙尘暴。
4월 15일 중국 북방지역을 강타한 황사가 먼지를 날리며 발생했는데, (이로써) 베이징은 최근 13년 이래 가장 강력한 황사를 맞았다.

✓ 미세먼지   **可吸入颗粒物** [kěxīrùkēlìwù]

可吸入颗粒物(PM10)作为扬尘的主要污染物，是影响空气质量的最大元凶。
미세먼지는 먼지를 일으키는 주요 오염물로 공기의 질에 영향을 끼치는 최대 원흉이다.

✓ 이상기후   **反常气候** [fǎncháng qìhòu]

反常气候也引发了投资界的新话题。
이상기후 또한 투자계의 새로운 화제를 일으켰다.

✓ 온실효과   **温室效应** [wēnshì xiàoyìng]

二氧化碳排放过多的最大的危害是导致温室效应。
이산화탄소 배출량 과다의 가장 큰 해로움은 온실효과를 초래한다는 점이다.

◆ **气候变化** [qìhòu biànhuà] 기후변화 | **酸雨** [suānyǔ] 산성비

✓ 짙은 안개   **大雾** [dàwù]

从16日到昨天，山东境内多地连续出现大雾。
16일부터 어제까지 산둥지역 내 여러 곳에서 연속적으로 짙은 안개가 나타났다.

✓ 소나기   **阵雨** [zhènyǔ]

今天：中西部、东北部地区，阴天有阵雨，其余地区，阴天。
오늘 중서부, 동북부 지역은 흐리면서 소나기가 내리고, 그 외 지역은 흐리겠다.

어휘

卷土	juǎntǔ	동 흙먼지를 일으키다	
肆虐	sìnüè	동 (자연력·폭동 등이) 위력을 떨치다. 기승을 부리다	
遭遇	zāoyù	동 (적 또는 불행·불리한 일을) 만나다. 맞닥뜨리다	
扬尘	yángchén	동 먼지를 일으키다. 먼지가 날리다	

연습 문제

一 본문 내용에 근거해 다음 내용의 옳고 그름을 O, X로 판단해보세요.

1. 中国已经有完善的天气监测预警体系。
2. 机动车、扬尘都会造成大气污染。
3. 发生严重雾霾时，所有的企业都要停产限产。
4. 只有限制机动车行驶，才能控制雾霾天气。
5. 雾霾天气只出现在北京、上海、天津。
6. 国务院非常重视雾霾天气的影响，发布部署了大气污染防治十条措施。
7. 《大气污染防治法》已经不适应当今严峻的大气污染形势。
8. 《大气污染防治法》颁布于2000年，修改于2003年。

二 보기에서 적당한 어휘를 골라 다음 문장의 빈칸을 채워 완성해보세요.

> 停产　限行　征求　预警　措施　采纳　依据　频繁　迫在眉睫　严峻

1. 关于你的论文，你还是_____一下你的导师的意见。
2. 他的设计方案被一个知名的广告公司_____了。
3. 为了保护环境，以前在大都市里的钢铁厂已经_____。
4. 我市已进入降雨集中期，强降雨天气过程_____发生。目前，我市已发布9次暴雨_____信号。
5. 民间常说的酸儿辣女到底有没有科学_____。
6. 这两年考研人数的回升说明就业形势依然_____，一些大学生希望通过考研增加将来的就业竞争力。
7. 看着称上显示的体重，我意识到减肥_____。
8. 北京实施机动车单双号_____政策。
9. 还好他及时采取了有效_____，石油管道才没有泄露。

三 본문 내용에 근거하여 다음 문제에 답해보세요.

1. 根据文章，造成重污染天气的主要原因是什么？
   _____

2. 如果出现严重雾霾等重污染天气时，应该怎么办？
   _____

3. 地方政府编制可能对大气环境造成污染的重点领域规划的话，需要征求谁的意见？
   _____

4. 为什么国务院要修改《大气污染防治法》，并向社会公开征求意见？
   _____

5. 根据文章，雾霾天气主要出现在什么地方？
   _____

四 다음 문제에 대해 여러 사람과 함께 토론해보세요.

1. 关于保护环境，你能做到什么？
   _____

2. 治理大气污染方面，你觉得政府还应做什么努力？
   _____

어휘

酸儿辣女	suān'ér lànǚ	임신해서 신 음식을 좋아하면 아기의 성별이 남자이고, 매운 음식을 좋아하면 성별이 여자라는 세간의 속설을 가리킴
回升	huíshēng	동 (시세·경기·기온 등이 내려갔다가) 다시 상승하다. 반등하다
单双号	dānshuānghào	날짜의 홀짝
泄露	xièlòu	동 (비밀·기밀 등을) 누설하다. 폭로하다

中秋天气晴好,早晚依然清凉

　　昨天除早晚略为清凉外,整体有些偏热,午间甚至让人忍不住直冒热汗。据东莞市气象台预计,受大陆高压影响,今日将以晴间多云天气为主,而明后两天在弱冷空气的袭击下,气温相应略降,云量也随之增多,间中可能有短时阵雨,早晚依然清凉。整体中秋节日期间,天气不错,颇为适合市民走亲访友或外出郊游。

　　此后至'十一'期间,在热带气旋外围气流的影响下,则以多云天气为主,北风可能略有加大。

　　今日天气晴间多云,26~34℃,偏南风2级。明天多云间晴,26~32℃,偏北风2~3级。

来源:大洋网-广州日报

사계절(四季)

봄	春暖花开	chūnnuǎn huākāi	따뜻한 봄에 꽃이 피다
	春光明媚	chūnguāng míngmèi	봄 경치가 아름답다
	春意盎然	chūnyì àngrán	봄기운이 완연하다
	春回大地	chūnhuí dàdì	봄이 대지로 스미다
여름	酷暑难耐	kùshǔ nánnài	견디기 힘든 혹서
	绿树成荫	lǜshù chéngyīn	푸른 나무가 그늘을 이루다
	烈日炎炎	lièrì yányán	무더위가 기승을 부리다
	夏山如碧	xiàshān rúbì	여름산이 마치 청록색 옥돌 같다
가을	秋高气爽	qiūgāo qìshuǎng	가을 하늘은 높고 날씨는 상쾌하다
	秋风萧瑟	qiūfēng xiāosè	가을바람이 소슬하다
	秋风红叶	qiūfēng hóngyè	가을바람과 붉은 단풍
	秋高马肥	qiūgāo mǎféi	추고마비(가을이 깊어감에 따라 하늘이 높고, 말이 살찐다는 뜻으로, 좋은 계절인 가을을 이르는 말)
겨울	冰天雪地	bīngtiān xuědì	얼음과 눈으로 뒤덮여 있다. 지독히 춥다
	风雪交加	fēngxuě jiāojiā	눈보라가 휘몰아치다
	寒风刺骨	hánfēng cìgǔ	찬바람이 뼛속까지 파고들다. 살을 에다
	滴水成冰	dīshuǐ chéngbīng	물방울이 얼음이 되다. 날씨가 아주 춥다

어휘

Track 09-4

晴好	qínghǎo	형	날이 쾌청하고 좋다
依然	yīrán	부	여전히
清凉	qīngliáng	형	시원하고 선선하다
略为	lüèwéi	부	약간. 조금
整体	zhěngtǐ	명	전부. 전체
冒	mào	동	(밖으로) 내뿜다. 튀어나오다
预计	yùjì	동	예측하다
袭击	xíjī	동	기습하다. 습격하다
降	jiàng	동	내리다. 내려가다
云量	yúnliàng	명	구름의 양
随之	suízhī		따라서
适合	shìhé	동	적합하다. 알맞다
走亲访友	zǒuqīn fǎngyǒu	성	친지나 친구의 집을 방문하다
郊游	jiāoyóu	동	교외로 소풍 가다
气旋	qìxuán	명	회오리바람. 저기압
外围	wàiwéi	명	주위. 주변

10 교통

春运今日正式开始
11日-17日迎客流高峰

설날 인구대이동 오늘 정식 시작,
11-17일 사이 승객 유동 최고 절정

● **핵심 구문**

1. 从……获悉 : ~로부터 (어떤 소식, 상황을) 알게 되다, 정보를 얻다
2. 为期…… : ~을 기한으로 하다
3. 与……相比 : ~와 서로 비교하면

● **내용 짐작하기**

'春运'은 중국에서 음력 설 전후에 이동하는 사람을 대상으로 한 교통 운송을 말한다. 2015년의 경우 설 연휴로 인한 유동 인구는 37억에 달했는데, 이러한 방대한 인구 이동으로 인한 혼란을 최소화하기 위하여 국가발전개혁위원회, 철로국, 교통부, 민간항공총국은 모두 전문적인 운수 준비 진행에 대해 선포하기도 했다. 본문은 2015년 창춘시가 진행한 설 연휴 운수 업무 준비에 관한 것인데, 비슷한 상황인 한국의 설 연휴 교통 풍경에 대해서도 이야기 나눠보자.

春运今日正式开始
11日-17日迎客流高峰

　　从今天（4日）开始，一年一度的春运拉开帷幕，昨日新文化记者<u>从长春站获悉</u>❶，今年春运期间长春站预计发送旅客240万人。"<u>为期</u>❷40天的春运工作从今天正式启幕，今年长春站预计发送旅客240万人，日均6万人，<u>与去年同期相比</u>❸增加7.3万人。"售票车间高超副主任说，节前11日-17日为客流高峰期，日均客流6.2万人左右；节后客流高峰为2月24日-3月6日，预计日均客流量将达到6.8万人。长春西站预计发送旅客20万人。

　　今年春运期间，长春站、长春西站共加开北京、吉林、通辽、榆树、白城等方向的临客58列。为确保春运期间旅客运输安全，吉林省武警总队派出了40名武警战士驻勤。

　　另外，新文化记者从吉林机场集团了解到，今年将有10家航空公司在北京、上海、广州、杭州、厦门、三亚、海口、烟台、韩国首尔等国内、国际重点城市航线上增加534班次。

新文化记者还从长春交通运输局获悉，今年春运期间，长春市道路客运量约为594万人次，比2014年增长1%。农历除夕至正月初三，根据客流变化情况，适当调整班次、时间，正月初四恢复正常班次。

临客：临时旅客列车简称临客，车次通常以'临'字汉语拼音的第一个字母L为开头，亦有部分临客以K、T、Z等固定列车车次开头。临时旅客列车是当铁路开行的特定旅客列车不能满足客流需要的时候的一个补充。它是为了满足季节性、偶发性客流需要而加开的旅客列车。

来源：新文化

어휘

Track 10-2

客流	kèliú	명 승객의 흐름
高峰	gāofēng	명 절정. 극치. 정점
一度	yídù	한번. 한차례
拉开	lākāi	동 힘껏 당겨서 열다. 펼치다
帷幕	wéimù	명 휘장. 장막
获悉	huòxī	동 알게 되다. 정보를 얻다
启幕	qǐmù	동 개막하다. 개시하다
发送	fāsòng	동 보내다. 부치다
日均	rìjūn	형 일평균의
售票	shòupiào	동 표를 팔다. 매표하다
加开	jiākāi	동 차량을 증편하여 운영하다
临客	línkè	명 임시객차
列	liè	양 열. 줄
确保	quèbǎo	동 확보하다. 확실히 보장하다

运输	yùnshū	동 운송하다. 수송하다
武警	wǔjǐng	중국 인민무장 경찰부대원
总队	zǒngduì	명 군대에서 연대나 사단 급에 해당하는 일급 조직
驻勤	zhùqín	동 당직하다
航线	hángxiàn	명 배나 비행기의 항로
班次	bāncì	명 운행횟수. 편수
客运量	kèyùnliàng	명 여객수송량
适当	shìdàng	형 적절하다. 적합하다. 알맞다
列车	lièchē	명 열차
简称	jiǎnchēng	동 약칭하다
车次	chēcì	명 열차번호. 운행순서
开头	kāitóu	동 시작하다
开行	kāixíng	동 운전하다. 출발하다

상용 구문

01 从……获悉 ~로부터 (어떤 소식, 상황을) 알게 되다, 정보를 얻다

◆ 本报讯：记者昨日从市环保局获悉，福州将举办中国生态文明论坛2015年年会。
본지 소식: 기자는 어제 시 환경 보호국으로부터 푸저우(福州)가 중국 생태 문명 포럼 2015년 총회를 개최할 예정임을 알게 되었다.

◆ 记者从首都机场获悉，首都机场边防自助查验范围近日进一步扩大。
기자는 서우두공항으로부터 서우두공항 변방 자체검사 범위를 최근에 더욱 확대했음을 알게 되었다.

02 为期…… ~을 기한으로 하다

◆ 据悉，展出为期一个月，市民可免费观展。
소식에 의하면, 한 달 동안 열리는 전시에 시민은 무료로 관람할 수 있다고 한다.

◆ 2月6日，为期三天的第51届慕尼黑安全会议拉开帷幕。
2월 6일, 3일 간의 제51회 뮌헨 안보회의가 뮌헨에서 막을 올린다.

03 与……相比 ~와 서로 비교하면

◆ 记者走访大庆市多家金店了解到，与1月初相比，大庆市黄金饰品销量增加了40%。
기자는 따칭(大庆)시의 여러 금은 판매점 방문을 통해 1월 초와 비교하여 따칭시의 금 장신구 판매량이 40% 증가했음을 알게 되었다.

◆ 与往年相比，售票窗口前排队的人不算太多，而退票窗口前，人却不少。
이전과 비교하면 매표 창구 앞에 줄을 선 사람이 아주 많은 편은 아니나 표 환불 창구 앞의 사람이 오히려 적지 않다.

举办	jǔbàn	동	거행하다. 개최하다. 열다	慕尼黑	Mùníhēi	지 뮌헨(Munich)
自助	zìzhù	동	자조하다. 스스로 돕다	走访	zǒufǎng	동 방문하다
展出	zhǎnchū	동	전시하다. 진열하다	销量	xiāoliàng	명 (상품의) 판매량

 **관련 어휘**

✓ 러시아워　　**交通高峰期** [jiāotōng gāofēngqī]
　　　　　　　警方建议私家车可以选择其他线路绕行，避开交通高峰期。
　　　　　　　경찰은 자가용은 다른 길을 선택하여 돌아갈 수 있으니 이로써 교통 러시아워를 피할 것을 건의하였다.

　　　　　　　高峰时间 [gāofēng shíjiān]
　　　　　　　地铁是北京人出行的一个主要交通工具，可是这几年北京的地铁越来越挤，尤其是在高峰时间。
　　　　　　　전철은 베이징 시민 외출의 주요 교통 도구인데, 요 몇 년 동안 베이징의 전철은 점점 붐비게 되었고, 특히 러시아워 때가 그렇다.

✓ 급행 열차(버스)　**快车** [kuàichē]
　　　　　　　线路开通后，乘客从增城坐快车，最快1个小时可抵达广州市中心的纪念堂站。
　　　　　　　노선이 개통된 이후에 승객은 쩡청(增城)에서 급행을 타면 가장 빠르면 한 시간 내에 광저우 시내 중심의 기념당역에 도착할 수 있다.

✓ 완행 열차(버스)　**慢车** [mànchē]
　　　　　　　对农民工来说，选择坐慢车，比动车起码节约一半的钱，比高铁节约三分之二以上的钱。
　　　　　　　농민 건축 노동자들에게 있어 완행을 타고자 선택하는 것은 적어도 고속열차보다 절반의 돈을 절약할 수 있고, 초고속열차보다 2/3 이상의 돈을 절약할 수 있어서다.

　　　　　　　◆ **动车** [dòngchē] 고속열차 ｜ **高铁** [gāotiě] 초고속열차

✓ 여객운수 업무　**客运** [kèyùn]
　　　　　　　今天，成都公路客运将迎来节前的春运最高峰。
　　　　　　　오늘 청두(成都) 고속도로 여객운송은 명절 전 설날특별운송의 최고 정점이 될 것이다.

　　　　　　　◆ **客运站** [kèyùnzhàn] 여객운수 터미널

✓ 화물운송　　**货运** [huòyùn]
　　　　　　　上海的国际货运公司哪家好？上海的国际货运公司是如何排名的？
　　　　　　　상하이 국제 화물운송 회사는 어디가 좋은가? 상하이 국제 운수회사는 어떻게 순위를 매기는가?

| 绕行 | ràoxíng | 동 주위를 돌다. 빙 돌다 | 挤 | jǐ | 동 빽빽이 들어차다. 붐비다 |
| 避开 | bìkāi | 동 피하다. 비키다 | 起码 | qǐmǎ | 부 적어도. 최소한도로 |

연습 문제

一 본문 내용에 근거해 다음 내용의 옳고 그름을 O, X로 판단해보세요.

1. 长春站的春运工作为期30天。　　　　　　　　　　　　　　　_____
2. 长春站在春运期间今年比去年发送旅客多。　　　　　　　　　_____
3. 长春站节后的日均客流量比节前多6000人左右。　　　　　　 _____
4. 为了保证春运的运输安全，武警总队派出战士驻勤。　　　　 _____
5. 吉林机场将开辟开往韩国等国际重要城市航线。　　　　　　 _____
6. 长春市的道路客运从初三开始恢复正常。　　　　　　　　　　_____
7. 临客就是临时购买的列车。　　　　　　　　　　　　　　　　_____
8. 临客能够满足季节性、偶发性客流的需要。　　　　　　　　　_____

二 보기에서 적당한 어휘를 골라 다음 문장의 빈칸을 채워 완성해보세요.

> 获悉　　正式　　预计　　确保　　了解　　增加　　恢复　　农历　　车次　　补充

1. 中秋节是 _____ 八月十五。
2. 婴儿画报介绍了婴幼儿的相关知识，让您能更 _____ 您的宝宝。
3. 你再看看车票，记好 _____ ，别上错车。
4. 关于公司新产品销售计划，你还有什么要 _____ 的吗？
5. 中国人口现在是13亿，今后五年内将会 _____ 到15亿。
6. 记者 _____ ，四川长虹投入巨资开始涉足智能电视业务。
7. 为了 _____ 沪昆高铁 _____ 通车，工程师和工人们付出了巨大的努力。
8. 我们 _____ ，尽管气温很低，但最近几天天气晴好。
9. 等你的身体 _____ 了，我带你去海南玩一玩。

본문 내용에 근거하여 다음 문제에 답해보세요.

1. 今年的春运从什么时候开始？

2. 今年长春站预计春运期间每天发送多少人？

3. 长春站有武警战士驻勤，这是为什么？

4. 春运期间，机场方面有什么变化？

5. 交通局调整春运班次的依据是什么？

 다음 문제에 대해 여러 사람과 함께 토론해보세요.

1. 你有没有在春运期间买不到票的经历？

2. 你认为应该在春运期间注意哪些问题？

开辟	kāipì	동 개통하다. 열다	涉足 shèzú	동 (어떤 환경이나 생활 범위에) 발을 들여놓다
巨资	jùzī	명 거액의 자금		

北京正研究地铁上设女性专用车厢

　　近日，媒体报道说，两位北京市政协委员建议早晚高峰在地铁设立女性专用车厢。'这样能更好地体现对女性的尊重与保护理念'，政协委员萧鸣政说。

　　据媒体报道，北京市交通委主任周正宇表示，地铁上设立专门的妇女儿童车厢应是一个'发展方向'，但他没有提到实施的具体细节。

　　2014年北京地铁共运送乘客近30亿人次，早晚高峰期间人们以非常不舒服的姿势挤在一起或被推来搡去是很普遍的现象。广州社情民意研究中心此前的一项调查显示，在接受调查的1500名中国女性中，有31%的人表示性骚扰现象增多；很多人表示公交车、地铁是性骚扰行为多发的场所。

　　其他一些亚洲国家已经设立了女性专用地铁车厢。在日本，关于性骚扰的报道促使当局设立了女性专用车厢。马来西亚从2010年开始在轨道交通中设女性专用的粉色车厢和女性专用巴士。

车厢	chēxiāng	명	(열차·자동차 등의 사람·물건을 싣는) 객실. 화물칸
媒体	méitǐ	명	대중매체
提到	tídào	동	언급하다. 말하다
细节	xìjié	명	세부(사항)
运送	yùnsòng	동	운송하다. 수송하다
搡	sǎng	동	힘껏 밀다. 세차게 밀치다
普遍	pǔbiàn	형	보편적인. 일반적인
社情	shèqíng	명	사회상황
民意	mínyì	명	민의. 민심
性骚扰	xìngsāorǎo	동	성희롱하다
促使	cùshǐ	동	~하도록 (재촉)하다

这一想法似乎得到了公众的支持。新浪的一项在线调查显示，在接受调查的8500多人中，有约64%的人表示设女性专用地铁车厢是个好主意，有28%的人反对，另有约8%的人表示不确定。该调查没有说明接受调查者中有多少是男性，多少是女性。

来源：消息网(有删节)

当局	dāngjú 명 정부당국. 정부기관	公众	gōngzhòng 명 대중
马来西亚	Mǎláixīyà 지 말레이시아(Malaysia)	新浪	Xīnlàng 명 시나닷컴
似乎	sìhū 개 마치 (~인 것 같다)		

11 교육

保障教育公平
政府要加大支持力度

교육 평등 보장 위해 정부 지원 확대해야

● 핵심 구문

1. 加大……力度 : ~의 힘(역량)을 키우다
2. 采取……措施 : ~조치를 취하다
3. (对于……)起到作用 : ~에 대해 작용을 하다

● 내용 짐작하기

사람은 누구나 교육을 받을 권리가, 특히 양질의 교육을 받을 권리가 있다. 그런데 중국의 경우, 지역 경제 발전의 불균형 및 정책의 부재로 현재 여전히 교육 불평등, 불균형 현상이 존재하고 있다. 본문에서는 중국의 중·고등 교육의 평등성 부족에 대해 말하고 있는데, 우리에게는 이러한 면이 없는지 함께 의견을 나누어보도록 하자.

保障教育公平
政府要加大支持力度❶

"以前，我们国家的高等教育资源匮乏，所以提倡精英教育，如今，国家经济发展到一定规模，物质水平达到一定程度的时候，必然要讲教育公平，也就是均衡教育。"省人大代表，郑州市第一中学党委书记、校长朱丹说，教育公平是我们教育改革的主要内容，也是现代教育的主要理念。

为了实现教育公平，国家也一直在做各种努力和争取，教育部近年来就采取了很多措施❷，要求清华、北大以及其他'985'、'211'学校在投放招生计划的时候，向中西部倾斜，向人口大省倾斜。朱丹表示，教育是否公平，可以在发达地区和不发达地区、城市和农村等方面来体现。

此外，朱丹认为，远程教育这种优势教育资源输出模式，对于促进公平教育也能起到很大作用❸，需要提倡和发展。目前，河南只有50多所高中有远程教育终端。其中，省级示范性高中仅20多所，剩余30多所都是县城的一般学校。

"作为一名教育工作者，从教育大处着眼，城市学校需要为社会承担责任，为贫困地区做贡献。"

朱丹说，保障教育公平，需要政府的重视、政策引导、财政支持和执行力。建议政府系统化考虑教育问题，加大教育投资，在城镇多建学校，增加教师编制，"譬如城镇学校大班名额少，孩子上学难，就需要多建学校，多招教师；农村学校虽然上的人少，但是，若满足开课需要，保证课时，也不能减少教师。"

来源：郑州日报

어휘

Track 11-2

保障	bǎozhàng	동	보장하다. 보증하다
力度	lìdù	명	역량. 힘의 세기
匮乏	kuìfá	형	부족하다. 결핍되다
精英	jīngyīng	명	걸출한 인물
人大	Réndà	명	인민대표대회(人民代表大会)의 약칭
党委	dǎngwěi	명	당 위원회
争取	zhēngqǔ	동	쟁취하다. 노력하여 목적을 달성하다
采取	cǎiqǔ	동	채택하다
投放	tóufàng	동	던지다. 내놓다
985	jiǔbāwǔ		985工程(1998년 5월 발의된 세계 선진수준의 대학 육성 계획)
211	èryāoyāo		211工程(21세기에 100개의 중점 대학을 건설하겠다는 프로젝트)
招生	zhāoshēng	동	신입생을 모집하다
倾斜	qīngxié	형	기울다. 치우치다. 편향되다
不发达地区	bùfādá dìqū	명	미개발지역
远程教育	yuǎnchéng jiàoyù	명	원격교육
输出	shūchū	명	아웃풋(output)
终端	zhōngduān	명	단자. 포트(port)
大处	dàchù	명	큰 것. 큰 일. 중요한 것
着眼	zhuóyǎn	동	고려하다. 관찰하다
贡献	gòngxiàn	동	공헌하다. 이바지하다
譬如	pìrú	동	예를 들다
名额	míng'é	명	정원. 인원 수
招	zhāo	동	(어떤 전달 수단으로) 모집하다. 초빙하다
开课	kāikè	동	개강하다. 과목을 개설하다. 담당하다

상용 구문

01 加大……力度 ~의 힘(역량)을 키우다

- 近两年，在国内掀起反腐巨浪的同时，中国加大了海外追逃力度。
  최근 몇 년 동안, 국내에서는 반부패의 거대한 물결이 솟구치는 동시에 중국은 해외로 도망간 사람들을 쫓는 데 박차를 가하고 있다.
- 世界专家已敦促中国政府加大防治病毒性肝炎的力度。
  세계의 전문가들은 이미 중국 정부가 바이러스성 간염 퇴치에 총력을 다할 것을 재촉하였다.

02 采取……措施 ~조치를 취하다

- 他说，环保部门目前已经采取了五项具体措施严防废水污染，确保水环境安全。
  그는 환경보호 부서가 현재 이미 다섯 가지의 구체적인 조치를 취하여 폐수 오염을 엄중히 막고, 물 환경의 안전을 확보하고자 한다고 말했다.
- 韩国总统指示相关部门采取有效措施，把人民币贬值给韩国经济造成的损失减少到最小。
  한국 대통령은 관련 부서가 효과적인 조치를 취하여 인민폐의 평가절하가 한국 경제에 끼치는 손실을 최소화할 것을 지시하였다.

03 (对/对于……)起到作用 ~에 대해 작용을 하다

- 欧元贬值将对土耳其纺织业出口起到助推作用。
  유로화 약세는 앞으로 터키 방직업 수출을 추진하는 역할을 할 것이다.
- 网上直销对于银行能起到多大助力作用？
  인터넷 직거래는 은행에 얼마나 도움이 되는 작용을 할 수 있을 것인가?

掀起	xiānqǐ	동 위로 용솟음치다. 출렁거리다	废水	fèishuǐ	명 폐수
巨浪	jùlàng	명 대변혁. 거대한 물결	贬值	biǎnzhí	동 (화폐 가치가) 평가절하되다
追逃	zhuītáo	동 도망간 사람을 뒤쫓다	助推	zhùtuī	동 추진하다. 추동하다
严防	yánfáng	동 엄중히 막다. 방비하다	直销	zhíxiāo	동 직접 판매하다. 직판하다

관련 어휘

✓ 중점 중고등학교　**重点中学** [zhòngdiǎn zhōngxué]
　　小编搜集了苏州**重点中学**排行榜上名列前茅的几所初高中学校。
　　편집자는 쑤저우(**苏州**) 중점 학교 랭킹에서 상위의 우수한 몇 개의 초중고등학교에 대한 자료를 수집했다.

✓ 대학입학시험　**高考** [gāokǎo]
　　高考语文作文怎样写才能拿高分?
　　대학입학시험 어문 작문(시험)은 어떻게 해야 높은 점수를 받을 수 있을까?

　◆ **金榜题名** [jīnbǎng tímíng] 시험에 합격하다 | **录取** [lùqǔ] 합격하다, 채용하다

✓ 직업교육　**职业教育** [zhíyè jiàoyù]
　　国际化是瑞士**职业教育**发展到今天的另一大特色。
　　국제화는 스위스 직업 교육이 오늘날까지 발전한 또 다른 큰 특징이다.

✓ 성인교육　**成人教育** [chéngrén jiàoyù]
　　中国**成人教育**协会艺术教育专业委员会今日在京成立。
　　중국 성인교육 협회 예술교육 부분 위원회가 오늘 베이징에서 성립되었다.

　◆ **基础教育** [jīchǔ jiàoyù] 기초교육 | **高等教育** [gāoděng jiàoyù] 고등교육

✓ 과외　**课外辅导** [kèwài fǔdǎo]
　　杭州中学生**课外辅导**哪家好?
　　항저우(**杭州**) 중고등학생 과외는 어느 곳이 좋은가?

✓ 교육을 개강하다　**开设课程(开课)** [kāishè kèchéng(kāi kè)]
　　据悉，今年9月起，贵州省将在全省小学三年级**开设**书法**课程**。
　　들리는 바로는 올해 9월부터 구이저우(**贵州**)성은 성 전체 초등학교 3학년에 서예 수업을 개설할 예정이다.

| 搜集 sōují　동 수집하다. 찾아 모으다 | 名列前茅 míngliè qiánmáo　성 성적이 선두에 있다. |
| 排行榜 páihángbǎng　명 랭킹 | 석차가 수석이다 |

연습 문제

一 본문 내용에 근거해 다음 내용의 옳고 그름을 O, X로 판단해보세요.

1. 以前是精英教育，现在是均衡教育。
2. 现代教育的主要理念是教育改革。
3. 国家为了实现教育公平做出了各种努力。
4. 河南有50多所高中是示范性高中，有远程教育终端。
5. 清华、北大属于211学校。
6. 目前，发达地区与不发达地区的教育水平不一样。
7. 孩子上学难，就需要多建学校，让农村孩子去城镇学校上课。
8. 实现教育公平是老师们的责任，政府不需要控制。

二 보기에서 적당한 어휘를 골라 다음 문장의 빈칸을 채워 완성해보세요.

匮乏   理念   倾斜   投放   提倡   输出   示范性   责任   编制   譬如

1. 所谓教师 _____ 就是教育局帮你办好了一切手续，只要你不辞职，享受一切福利到终老，就是所说的铁饭碗。
2. 印尼总统日前表示，该国将停止对外 _____ 印尼女佣。
3. 政府工作报告明显向农民 _____ 。
4. 如果研究生发生抄袭论文的行为，导师应承担相应的 _____ 。
5. 新产品上市时，公司会大量 _____ 广告。
6. 我们应当 _____ 忠实于婚姻的 _____ 。
7. 广州明年新增五所国家 _____ 高中。
8. 学校种了很多花木， _____ 月季、荷花等等。
9. 在过去那个年代人们很珍惜物件，因为资源 _____ 。

三. 본문 내용에 근거하여 다음 문제에 답해보세요.

1. 根据校长的话，什么是教育改革的主要内容？

2. 为什么国家要求清华、北大在招生时向中西部和人口大省倾斜？

3. 远程教育有什么作用？

4. 朱丹认为，除了国家政策支持外，其他哪些方面能促进公平教育？

5. 通过文章，孩子上学难怎么办？

四. 다음 문제에 대해 여러 사람과 함께 토론해보세요.

1. 关于教育公平，你有什么建议？

2. 你认为考试在教育中的地位是怎样的？

어휘

终老　zhōnglǎo　동 여생을 보내다
铁饭碗　tiěfànwǎn　명 철밥통. 평생 직업
女佣　nǚyōng　명 하녀. 가정부
抄袭　chāoxí　동 표절하다. 도작하다

东丰'三部曲'破解教育公平问题

几乎每个家长都被这个问题困扰，几乎每个孩子都面临这样的事情，几乎每个地方都存在这样的现象——那就是中小学生的择校、分班、排座……家长们为此挖空心思，虽都不愿这样做，但有时又不得不做，充满了无奈。

教育是百年大计，教育公平是广大群众最关心关注的问题。如何解决这道难题？东丰县的探索给了我们一个好的答案。

10月22日，在东丰县从事个体经营的关丹对记者说："今年，我女儿上小学，一点没费事。我们东丰所有的小学都一样，不用挑、不用选，更不用托关系、走后门。"

过去，东丰县城的中小学师资力量不平衡，差距很大。许多学生家长都想把自己的孩子送到优质学校，由此带来许多问题，群众意见很大。为了让群众满意，东丰县下决心，强力推动教育向均衡、规范、优质方向发展。他们的第一步是调整学校布局，合理划分学区。从2009年起，科学调整中小学校布局，新建、

어휘					
三部曲	sānbùqǔ	명 3부작. 3단계. 세 가지 일	无奈	wúnài	동 어찌 해볼 도리가 없다. 방법이 없다
破解	pòjiě	동 해결하다. 풀다			
困扰	kùnrǎo	동 귀찮게 굴다. 성가시게 하다	百年大计	bǎinián dàjì	성 백년대계
择校	zéxiào	명 초·중등학교 학생이 나라에서 정해준 집근처의 학교에 다니지 않고, 조건이 좋은 학교를 선택해서 다니는 것	个体经营	gètǐ jīngyíng	자영업
			费事	fèishì	동 힘을 들이다. 번거롭다
			走后门	zǒu hòumén	뒷거래를 하다. 연줄을 대다. 백을 찾다
排座	páizuò	동 자리를 배정하다	优质	yōuzhì	형 질이 우수하다. 양질의
挖空心思	wākōng xīnsī	성 갖은 애를 다 쓰다	划分	huàfēn	동 (전체를 여러 부분으로) 나누다. 구획하다

扩建校舍，形成了两所初中南北相应、四所小学各据一方的布局。第二步就是调整师资力量的配置。从2010年开始，他们采取了一项堪称大胆的举措，强校与弱校进行师资交流，甚至有的整个年级'连锅端'。这是县委常委会研究决定的，谁也没法改变。接着又走出第三步，所有学校全部实现平行分班、阳光排座，义务教育阶段一律取消晚自习，统一作息时间、学生在校时间和家庭作业量。东丰的探索克服了很大的困难和阻力。随着这'三部曲'的一步步施行，让群众看到了变化、感到了公平，由当初的不理解，现在转变为家长和社会的全力支持。在东丰，尊师重教蔚然成风。今年，全县就收到捐款95.9万元，资助贫困学生441名。县委书记滕宝春告诉记者："在东丰不比谁官大、谁钱多，而是比谁家重视教育，谁家的孩子有出息！"

　　教育培养优秀人才，培育高素质公民，这关系到国家的未来和希望。我们的义务教育理应让每个孩子学而平等，不让家长为此闹心，不让社会为此忧心。这一点，东丰做到了。

来源：吉林日报(有删节)

어휘

扩建	kuòjiàn	동	증축하다. 확대하다
相应	xiāngyìng	동	상응하다
配置	pèizhì	명·동	배치(하다)
堪称	kānchēng	동	~라고 할 만하다
连锅端	liánguōduān	동	송두리째 뽑아버리다
平行	píngxíng	형	대등한. 동등한
阳光	yángguāng	형	공개적인
晚自习	wǎnzìxí	명	야간자율학습
作息	zuòxī	동	일하고 휴식하다
阻力	zǔlì	명	저항. 방해. 장애
转变	zhuǎnbiàn	동	전변하다. 바꾸다
尊师重教	zūnshī zhòngjiào	성	스승을 존경하고 교육을 중시하다
蔚然成风	wèirán chéngfēng	성	사회적 기풍이 되다
捐款	juānkuǎn	명	기부금
资助	zīzhù	동	원조하다. 재물로 돕다
官大	guāndà	동	벼슬이 높다
有出息	yǒu chūxi		장래성이 있다
理应	lǐyīng	동	당연히 ~해야 한다
闹心	nàoxīn	형	심란하다. 괴로워하다
忧心	yōuxīn	명	걱정하는 마음

12 청년

'隐性就业'渐成90后新选择：不用朝九晚五

90허우 새로운 선택 '반취업상태',
오전 9시 출근, 오후 5시 퇴근 필요 없어

● 핵심 구문

1. 突破……大关 : ~ 선을 돌파하다
2. 成为……新的趋势 : ~새로운 추세가 되다
3. 究其原因 : 그 원인을 살펴보면

● 내용 짐작하기

나날이 증가하는 취업난 현상에 중국 젊은이들 사이에는 새로운 취업 형태가 나타나기 시작했다. 프리랜서로 일하거나 직접 창업을 하는 경우가 많아졌는데, 이는 정식 업무와 비교하면 안정성이 부족하기는 하지만, 한편으로 젊은 세대들이 자립적이고 자주적인 취업 형태를 선택했다는 점에서, 또 취업 영역을 확대했다는 점에서 의미가 있다. 본문에서는 중국 대학생 몇 명의 경우를 소개하고 있는데, 취업이 쉽지 않은 우리의 상황도 비슷하다고 할 수 있다. 취업난 해소를 위한 방법이나 취업 전반에 관한 의견을 나누어보자.

'隐性就业'渐成90后新选择：
不用朝九晚五

今年全国高校毕业生人数首次突破700万大关❶，再创历史新高，就业压力进一步加大。每年9月至10月是大学应届毕业生入职的最后一波高峰期，不少'90后'大学毕业生开始尝试自由撰稿、开网店、做家教、教钢琴……，隐性就业正在成为拥有专长和技术的人才的一种新就业形式。

毕业于山西旅游职业学院的王文璐已经在家晃荡了一年多，一直没有找到可心的工作，让她产生了先'喘口气'的想法："看现在的情形，找合适的工作太难了。我准备在网上先开个小店，有空的时候再充充电。"毕业于大同大学的于婷婷，在学校各方面都很出色，却因为学校名气不够响亮而四处碰壁。朋友介绍了一份短期工作给她，就是翻译。凭着出色的外语水平，她很快完成了这份工作，报酬是1000元。这件事情让她茅塞顿开，"为什么我一定要去公司就职呢？"有时她还会不固定地接手一些自由度较大的工作，比如做做婚礼主持

人，虽然不稳定，但每月也是笔不小的收入。"和过去相比，生活也变得很有趣味，"于婷婷说，"但我不会一辈子都这样打零工的，将来可能的话我想开一家翻译公司。现在我还在学习日语，想趁年轻，多学一点东西。"

山西大学哲学社会学学院讲师李隽表示，就业形式正在向多元化发展，隐性就业正成为一种新的趋势❷。究其原因❸：其一，每年数百万的大学生涌向职场，求职竞争压力大，能找到一份自己满意的工作极其不易。其二，求职者的就业观念和形式发生转变，现在的大学生在就业时更多考虑自己的兴趣、爱好。其三，社会对劳务的需求呈现多样性，这为隐性就业者的出现提供了市场空间。

隐性就业不是失业，而是就业甚至是创业，是新时代造就的新的就业形式。这种就业形式是对'显性就业'的一种有效补充，丰富了劳务供给方式，分流了就业压力，减缓了社会焦虑，也为经济注入了活力。

来源：山西日报(有删节)

隐性就业	yǐnxìng jiùyè	명	반취업상태(표면적으로는 실업상태에 있어 소득원이 없지만, 실제로는 일과 임금이 있다는 뜻의 신조어)
90后	jiǔlínghòu	명	90년대 출생한 신세대
朝九晚五	zhāojiǔ wǎnwǔ		오전 9시에 출근하고 오후 5시에 퇴근하는 것
大关	dàguān	명	큰 관문. 전환점. 선
应届	yīngjiè	형	본기(本期)의. 당해 연도의 (졸업생에게만 사용함)
撰稿	zhuàngǎo	동	원고를 쓰다. 기고하다
晃荡	huàngdang	동	빈둥거리며 돌아다니다
喘口气	chuǎn kǒuqì		숨(을) 돌리다
响亮	xiǎngliàng	형	우렁차다
四处碰壁	sìchù pèngbì		사방에서 난관에 부닥치다

茅塞顿开	máosè dùnkāi	성	문득 깨치다. 갑자기 알게 되다
接手	jiēshǒu	동	일을 인수하다. 업무를 넘겨받다
打零工	dǎ línggōng		임시로 고용되어 일하다
涌向	yǒngxiàng	동	모여들다
极其	jíqí	부	극히. 매우. 대단히
劳务	láowù	명	임금을 받으려고 육체적 노력을 들여서 하는 일. 노동일
呈现	chéngxiàn	동	나타나다. 양상을 띠다
造就	zàojiù	동	육성해 내다
显性	xiǎnxìng	형	우성(優性)인
分流	fēnliú	동	갈라져 흐르다. 진로가 나뉘다
焦虑	jiāolǜ	명	초조한 마음
注入	zhùrù	동	주입하다

 상용 구문

01 突破……大关 ~선을 돌파하다

◆ 今年十一黄金周，预计国内游数字将**突破**5亿人次**大关**。
올해 10월 1일 황금연휴 동안 국내 여행객 수가 5억 명 선을 넘을 것으로 예측된다.

◆ 根据最新消息，目前〈大圣归来〉的累计票房已经**突破**了五亿元**大关**。
최근 소식에 따르면, 현재〈大圣归来〉의 누적 매표는 이미 5억 위안 선을 돌파하였다.

02 成为……新的趋势 ~새로운 추세가 되다

◆ 在男子网球世界，身高力量大，越来越**成为新的趋势**。
남자 테니스계에 키 크고 힘이 센 선수들이 점점 새로운 추세가 되고 있다.

◆ 为什么我们说低龄化会**成为**未来国内移民的**新趋势**？
왜 우리는 저령화가 미래 국내 이민의 새로운 추세가 될 것이라고 말하는 것인가?

03 究其原因 그 원인을 살펴보면

◆ 怎样面对歧视问题？歧视问题**究其原因**是什么？
어떻게 차별 문제를 대해야할까? 차별 문제의 원인은 무엇인가?

◆ 不可否认，现在踢球的孩子越来越少了，**究其原因**，两人分析得非常深刻。
현재 축구를 하는 아이들이 점점 줄고 있는 것은 부정할 수 없는데 그 원인에 대해 두 사람의 분석은 대단히 강렬하다.

| 票房 | piàofáng | 명 매표소 | 深刻 | shēnkè | 형 (인상이) 깊다. (느낌이) 매우 강렬하다 |
| 歧视 | qíshì | 명 동 경시(하다). 차별 대우(하다) | | | |

관련 어휘

✓ 80년대 이후 출생자 **八零后(80后)** [bālínghòu]
民政部数据显示，2013年共350万对夫妻离婚，80后成离婚潮主力。
(중화인민공화국) 민정부 데이터에 따르면 2013년 모두 350만 쌍이 이혼했는데, 이 중 80년대 이후 출생자가 이혼 붐의 중심이 되었다.

✓ 응석받이로 자란 남자아이 **小皇帝** [xiǎohuángdì]
奶奶为了哄我开心，经常对爷爷说，在家我就是'小皇帝'，我说了算。
할머니는 나를 돌보는 것을 좋아하셨고, 늘 할아버지께 집에서 내가 바로 '소황제'이고 (뭐든지) 내가 말하는 대로 다 된다고 말씀하시곤 했다.

◆ **小公主** [xiǎogōngzhǔ] 응석받이로 자란 여자아이

✓ 실업률 **失业率** [shīyèlǜ]
国家统计局发言人盛来运称，中国9月调查显示失业率小幅上升至5.2%。
국가통계국 대변인 성라이윈에 따르면 중국이 9월에 조사한 실업률이 소폭 상승하여 5.2%에 이른다고 한다.

✓ 가난한 집의 자녀 **贫二代** [pín'èrdài], **穷二代** [qióng'èrdài]
农村贫困大学生是'贫二代'中颇引人关注的群体。
농촌의 빈곤한 대학생들이 '가난한 집안의 자녀' 중에서 가장 주목을 받는 집단이다.

◆ **富二代** [fù'èrdài] 부잣집의 자녀, 재벌의 자녀 | **官二代** [guān'èrdài] 고위 공무원의 자녀

✓ 소년기 **少年期** [shàoniánqī]
少年期即青春期，是一个非常特殊的时期。
소년기 즉 사춘기는 아주 특수한 시기이다.

◆ **青春期** [qīngchūnqī] 사춘기 | **青年期** [qīngniánqī] 청년기 | **壮年期** [zhuàngniánqī] 장년기

✓ 대기만성 **大器晚成** [dàqì wǎnchéng]
用'大器晚成'四个字来概括金明民的演艺道路，那是最合适的诠释了。
'대기만성'이라는 네 글자로 김명민의 연기 여정을 나타내는 것은 아주 적절한 해석이다.

어휘

哄	hǒng	동	(어린아이를) 어르다. 달래다 돌보다
小幅	xiǎofú	부	소폭으로
概括	gàikuò	동	개괄하다. 요약하다
诠释	quánshì	명 동	해석(하다). 설명(하다)

연습 문제

一 본문 내용에 근거해 다음 내용의 옳고 그름을 O, X로 판단해보세요.

1. 今年全国高校毕业生的就业压力比去年大。　　　　　＿＿＿＿
2. 开网店不属于隐性就业。　　　　　＿＿＿＿
3. 王文璐毕业后一年都没有找到工作。　　　　　＿＿＿＿
4. 于婷婷因为在学校非常出色找到了外企工作。　　　　　＿＿＿＿
5. 于婷婷有自己的想法，她现在想趁年轻，多多学习。　　　　　＿＿＿＿
6. 现在的就业形式比较单一。　　　　　＿＿＿＿
7. 大学生就业时先考虑薪水再考虑自己的兴趣。　　　　　＿＿＿＿
8. 隐性就业是新的就业形式。　　　　　＿＿＿＿

二 보기에서 적당한 어휘를 골라 다음 문장의 빈칸을 채워 완성해보세요.

| 突破　压力　高峰期　拥有　充电　碰壁　报酬　茅塞顿开　多元化　转变 |

1. 我听了老师的讲解，立刻 ＿＿＿＿＿＿，明白这道题怎么做了。
2. 家教的 ＿＿＿＿＿＿ 一般是每小时50元到100元。
3. 那个歌星厌倦了演艺生涯，决定去大学 ＿＿＿＿＿＿。
4. 一个人至少应该 ＿＿＿＿＿＿ 一个梦想，有一个理由去坚强。
5. 他从白手起家到 ＿＿＿＿＿＿ 经营，现在已经成为全国的首富。
6. 上下班 ＿＿＿＿＿＿，最好避开拥堵路段。
7. 自从老公失业后，家里的经济 ＿＿＿＿＿＿ 逐渐增大。
8. 农民们今年在桔子栽培技术上获得的重大 ＿＿＿＿＿＿。
9. 北京超过一半的研究生在求职过程中屡屡 ＿＿＿＿＿＿。
10. 2016年，中国旅游要从'景点旅游'向'全域旅游' ＿＿＿＿＿＿。

三. 본문 내용에 근거하여 다음 문제에 답해보세요.

1. 隐性就业的主要构成群体是哪些人？

2. 王文璐先'喘口气'的想法是什么？

3. 于婷婷觉得现在的生活怎么样？

4. 隐性就业成为一种新趋势的原因是什么？

5. 隐性就业对社会的影响？

四. 다음 문제에 대해 여러 사람과 함께 토론해보세요.

1. 谈谈你对现在大学生就业难的看法？

2. 如果你是应届毕业生，你打算怎么找工作？

厌倦	yànjuàn	동	권태를 느끼다. 싫증나다
首富	shǒufù	명	(한 지역에서) 제일 잘 사는 곳
拥堵	yōngdǔ	동	(사람이나 차량 등이 한데 몰려) 길이 막히다. 꽉 차다
路段	lùduàn	명	(철도나) 도로의 구간

隐性就业背后存隐忧

采访了众多隐性就业者后，记者明显感觉到多数人的内心缺乏安全感。尽管有不少人每月赚的钱与在公司就职差不多，甚至更高，但'不知能干到几时'的说法却屡屡听见，显然这并不是他们的终极目标。

家住阳泉市矿区的曹艳梅女士说，女儿小静非常享受自己'自由职业者'的生活状态，工作时间随意，不用朝九晚五地坐班。她经常浏览网络上媒体的约稿版面，选择合适的题材投稿。面对小静的悠然自得，曹女士却是'心慌慌'、'没有四金没有保险，总是没着没落的'。而且，有时稿费能不能顺利拿到手也让人担心。对此，李隽表示，只要和用人单位存在劳动关系，就应该签署劳动合同。一旦劳动合同缺失，双方不构成契约关系，劳动者的权益就很难得到有效保护。

"我的画画班挺红火，赚钱也不少，自由自在的，比很多上班族都要好，但我家里不是很认可。"毕业于西安三资职业学院的郭欣就生活在家人的不理解中,"他们觉得这是不务正业,还是应该找一份稳当工作,我妈老是质问我'要是生病了怎么办,老了怎么办,接不到活儿了怎么办'。现在就业压力这么大,稳定的工作不好找,我有时候想到将来,也挺闹心。"

市场经济由市场调节劳动力资源,隐性就业者积极面对就业形势,寻求突破,自食其力的态度和市场精神相契合,其乐观的态度和奋斗精神值得肯定。随着高等教育大众化的深入发展,大学毕业生中的隐性就业者将进一步增多,将来也可能由非常态向常态转化。

但是,目前隐性就业者背后的权益保障缺位,社会缺乏足够的理解、支持,也是不争的事实。李隽说,隐性就业不便于政府管理,就业者的个人社会保障不足。之所以称之为隐性就业者,是因为他们的职业状态并未反映在政府有关部门的统计、记录或其他管理劳动就业的形式中。如果就业统计方法能随着就业形式的变化而调整,'隐性就业'可能就成为了'显性就业'。如果社会保障方式能考虑到各类就业人员的需求,也许这些就业者的社会保障也就不成问题了。

来源:新华网(有删节)

어휘					
权益	quányì	명	권익	自食其力 zìshí qílì 성 자신의 힘으로 생활하다	
不务正业	búwù zhèngyè	성	정당하지 않은 직업에 종사하다	契合 qìhé 동 부합하다	
质问	zhìwèn	동	캐묻다. 추궁하다	缺位 quēwèi 동 공석이 되다	

해석 및 정답

1과

본문
암에 걸릴 확률을 어떻게 낮출 것인가? 운동·금주·금연·건강한 식사

러시아 '의학칼럼' 뉴스 홈페이지의 10월 31일 소식에 의하면, 영국 카디프대학의 학자가 어떻게 노후생활을 활기차게 보낼 것인가에 대한 연구 끝에 노년에 행복하게 생활할 수 있는 방법을 찾아냈다고 한다.

1979년 카디프대학의 학자는 연구에 참여할 2,500명의 지원자를 모집하고, 연구원은 지원자들에게 일상생활 속에서 5가지의 간단한 규칙을 지키도록 했다. 즉, 규칙적인 식사, 체육 활동 참여, 적당한 음주, 체중 변화 주의 및 금연이다. 40여 년이 지난 후, 단지 25%의 지원자들만이 여전히 처음의 규정을 지키고 있었다. 그러나 이러한 규칙을 지키지 못한 지원자들과 비교해서 규칙을 준수했던 지원자들이 훨씬 강건하고 활기가 넘치는 것으로 나타났다. 이 밖에도, 규칙을 준수했던 25%의 지원자들은 암·당뇨병·심근경색·중풍·치매 등 질환의 위험성이 현저하게 낮은 것으로 나타났다.

이로 인해서, 이 규모가 방대하고 역사가 오랜 연구를 통해 건강한 생활방식은 사람들에게 상대적으로 건강하고 순탄한 생활을 유지시켜 주었으며, 또한 사람들을 더욱 행복하게 할 수 있다는 것을 증명하였다.

그 중에 현재 이미 80세가 넘은 한 고령의 지원자는 "저는 여러 해 동안 이런 정확한 생활 규칙을 지키면서 나 스스로 건강상태가 특별히 좋아지는 걸 느꼈답니다."라고 했다. 그는 매주 자전거로 50km를 달렸으며, 매일 4km를 걸었다. 그는 "자전거를 타는 것이 나의 건강을 유지하는 데에 도움이 되었고, 단어퍼즐게임은 내 두뇌의 기억력을 유지시켜 주었다. 나는 매일 한 잔의 포도주와 한 잔의 맥주를 마시지만, 술 마시는 것을 절제함으로써 나의 노년생활은 정말 건강하고 행복하다."고 말했다.

연습문제
① 1. X 2. O 3. X 4. X
   5. O 6. X 7. O 8. O

② 1. 节制 2. 规模 3. 状态 4. 徒步 5. 实现
   6. 享受 7. 足以 8. 遵循 9. 规定/明显

③ 1. 他们希望找到老年快乐生活的方式。
   2. 正确饮食、参加体育运动、少饮酒、关注体重变化及禁止吸烟。
   3. 规模大，历时久。
   4. 健康的生活方式不仅可以延长人们健康的时间，还可以让人更加幸福。
   5. 拼词游戏。

실력 보태기
건강한 식사는 네 가지 원칙을 지켜야

1. 영양 공급, 식품마다 특징이 있다

우리가 음식을 섭취하는 주요 목적은 결코 음식을 즐기기 위한 것이 아니라 생존을 위한 것이다. 주식은 에너지의 주요 근원이며, 주로 탄수화물을 섭취하게 된다. 따라서 여러 영양성분을 섭취하기 위해서는 과일과 야채를 먹어야 하는데, 이것이 인체에 영양을 공급하는 자연스러운 방법이다.

2. 충분한 양을 먹지 않으면 영양의 질도 없다

인체가 필요로 하는 영양섭취의 관건이 되는 것은 충분한 양을 먹어야만 한다는 것이다. 먼저 충분한 양을 섭취한 후에, 다른 요소를 고려해야 한다. 하지만 대부분의 사람들은 바로 충분한 양의 음식을 섭취하지 않기 때문에 영양 섭취가 부족한 상황이다. 만일 음식의 양을 고려하지 않고 음식의 다양화만 추구한다면, 영양결핍의 문제를 결코 해결할 수 없을 것이다.

3. 식사량은 집과 같아 (소화할 수 있는) 양만큼만 먹는다

모든 사람은 누구나 큰 집에 살고 싶으나 대다수의 사람들은 큰 집에 살지 못한다. 설사 가까스로 살게 되더라도 머지않아서 주택 구입 융자금을 감당하지 못하게 된다. 똑같은 이치로, 우리가 매일 섭취하는 칼로리량은 활동량 등의 요소를 고려한 이후에, 상한선을 정하고 가능한 한 적게 먹어야 한다.

비만은 21세기의 세기병으로 불리는데, 각종 만성질환의 위험요소가 모두 비만증 안에 포함되어 있어, 체중조절만 해도 각종 만성질환을 어느 정도 예방할 수 있다. 체중조절의 가장 간단한 방법은 칼로리 섭취량을 조

절하는 것으로 상한선을 정한 이후에, 가능한 한 적게 먹고 활동을 많이 한다.

4. 균형 잡힌 식사는 일정 기간 지속되어야지 한 끼가 아니다

영양은 균형이 중요하다. 그러나 매 끼니마다 항상 반드시 균형이 있어야 하는 것은 아니다. 인체에 영양이 중요하지만, 한 끼 균형 있게 먹지 않았다고 해서 바로 큰 일이 나는 것은 아니다. 영양 결핍은 점진적으로 진행되는 과정이다. 이 때문에 영양 보충 또한 장기적인 시간적 요소를 고려해야만 한다. 오랜 시간에 걸쳐서 건강한 식사를 계속해야 하는 것이지 한 끼 식사로 해결할 수 있는 문제가 결코 아니다.

건강한 식사를 중요시해야 하지만, 이 또한 넘치면 모자란 것만 못하다. 위에서 언급한 몇 가지 건강한 식사 규칙을 지키지 못한다면 건강상 좋은 효과는 얻지 못할 것이다.

2과

본문

왕쿠이 지역 부녀자 1,500여 명, 가사관리 양성과정 통해 취업 실현

부녀자 취업의 방안을 확대하기 위하여 1월 4일 왕쿠이 현의 부녀자 연합과 노동취업국이 연합하여 제1기 가사관리 양성과정을 개설하여 전체 현의 120여 명의 농촌 부녀자와 소도시의 퇴직한 여자 노동자들이 양성과정에 참가하였다. "이번 양성과정반 참가를 통해 나는 몇 가지 기술을 배우게 됐고, 이러한 양성과정의 개설은 좋은 일이라 많이 진행되어야 한다."고 둥자오진 샹란우촌의 35세 리옌링은 기쁘게 말하기도 했다.

이번 훈련은 6일의 일정으로 가사관리 서비스업종의 선생님을 초청하여 수업을 받았고, 이론 교육과 모의 실습 등의 형식으로 수강생들에게 모자 관리, 의복 세탁 및 관리 수납, 가정 기초 간호와 요리 등의 지식을 설명했다. 요 몇 년 동안, 이 현은 가사관리 서비스 무료 양성과정 프로젝트를 적극적으로 전개하여 퇴직한 부녀자 (남편이 멀리 일하러 가고) 남아 있는 부녀자, 농촌에 남아 있는 여성 노동력을 도와 취업 기술을 향상하게 하여 그 지역이나 가까운 곳으로의 취업을 실현하였다. 이 현은 동시에 수강생들이 가능한 빨리 취업에 성공하도록 현 내외의 가사관리 서비스 회사와 협력관계를 맺어 가사관리 도우미와 고용주 간의 (취업의) 다리 역할을 하고 있다. 작년부터 이 현은 이미 1,500여 명의 부녀자를 훈련시켰고, 또한 그녀들을 위해서 취업할 직장을 찾아주어 그들이 할 일이 있고, 돈을 벌도록 하고 있다.

연습문제

① 1. X 2. O 3. X 4. O
   5. X 6. O 7. X 8. X
② 1. 下岗 2. 留守 3. 拓宽 4. 热情
   5. 邀请/讲解 6. 就业 7. 技能 8. 护理
   9. 合作
③ 1. 为拓宽妇女就业门路。
   2. 培训班办得好，希望能多办。
   3. 母婴护理、衣物洗涤及保存收藏、家庭基础护理、烹饪等知识。
   4. 下岗妇女、留守妇女以及农村剩余女劳动力。
   5. 县内外家政服务公司。

실력 보태기

타이완, 여성 취업이 중시되면서 노동 참여율도 점차 상승

타이완 중앙사의 보도에 따르면 타이완 행정원 총통 계처가 최신 인력 운영조사를 공포하였는데, 여성 취업자 비율과 유부녀의 노동 참여율이 1994년 38.35%와 45.41%에서 최근 20년간 44.37%와 49.76%까지 올라 (이를 통해) 여성 노동력이 점차 중시됨을 알 수 있다.

조사에 따르면, 올해 5월 전체 여성 노동력의 참여율은 50.50%이고, 그 중 유부녀 노동력의 참여율이 49.76%로 미혼여성 60.48%와 비교하면 10.72% 낮다.

그러나 유부녀 노동력의 참여율은 매우 느린 상승세를 나타내어 1994년의 45.41%에서 올해의 49.76%로 상승했으며, 자녀의 연령층을 보면 자녀가 없는 사람이 70.43%로 가장 높았고, 그 다음으로는 6세가 아직 안 된 자녀를 가진 사람이 62.28%로 둘 다 최근 20년간 각각

해석 및 정답

6.26%와 16.55%로 상승했다.

총통계처는 "주로 유부녀 취업자의 연령이 대체적으로 젊고 교육 수준도 높은 편이라 이로 인해 여성이 결혼이나 출산 후 직장을 그만두는 비율이 비교적 낮고, 그만 둔 후에 복직하는 비율이 상대적으로 높은 편이 되었다."라고 했다.

104인력은행 공공사무부 사장인 장야후이는 취재 때 "타이완 여성은 남성 위주의 직장 문화의 영향을 받아 기혼여성이 취업 환경에서 가장 자주 부딪히는 문제는 능력이 아니라 가정도 함께 돌봐야 하는 심리적인 밀고 당김이다."라고 하였다.

장야후이는 "만약 직장 여성이 일에 전력을 투자한다면 가정과 아이를 돌보는 일은 반드시 배우자나 부모에게 맡겨지게 된다. 그래서 둘 모두를 돌보려는 사람은 반드시 고용주나 기업이, 여성이 가정과 공동으로 할 수 있는 자유근무시간제를 받아들일 수 있어야 한다."고 설명하였다.

3과

본문
중국 '두 자녀 정책' 전면 완화, '70허우'가 최대 수혜자

제18회 중국공산당 중앙위원회 제5회 전체회의가 오늘 폐막했다. 회의에서는 전면적으로 '두 자녀 정책'을 완화하기로 결정했는데, 이는 외동자녀 정책이 역사의 무대에서 퇴장하기 시작했음을 의미하는 것이다. 인구전문가이자 베이징대학교 사회학과 교수인 루제화는 "전면적으로 두 자녀 정책을 완화한 후에 집단으로 보면 '70허우'의 수혜가 가장 크고, '80허우'과 '90허우'가 두 자녀를 낳는 점유 비율은 비교적 큰 편이며, '50허우'와 '60허우'는 막차도 탈 수 없을 것(마지막 기회를 잡을 수 없을 것)이다."라고 했다.

루제화는 "전면적으로 두 자녀 정책을 완화하는 것은 단지 첫 걸음에 불과한 것으로 정책이 기대하는 목표에 도달하려면, 모두에게 두 자녀를 낳을 수 있게 하여 장기적으로 안정되고 적당한 출산율을 실현해야 한다. 다음 단계는 정책에 해당하는 가임여성이 폭넓은 법률 정책의 환경 하에서 출산하도록 어떻게 격려하고 인도할지 고려해야 한다. 특히 사회 공공 정책(에 대해 고려해야 하는데), 여성 직업, 출산휴가, 의료 위생, 교육 등의 측면 모두 상응하는 공공정책을 추진하고 육아 비용을 낮춰야 한다."고 말했다.

그는 (또한) "전면적인 두 자녀 정책 완화 후에 총출산율이 이미 균형에 달했어도, 저출산율 추세는 바뀌기 어려운데, 특히 '80허우'와 '90허우'가 그렇다. (한 자녀 정책으로 인해) 출산(에 대한) 관념이 근본적으로 바뀌었으므로 (우리는 앞으로) 정책의 효과를 관찰해야 한다. 만약에 기대하는 목표에 다다르지 못하면 아마도 제3단계의 조정이 있을 것인데, 예를 들면 사회 부양비용이나 세 자녀 (출산을) 격려하는 것 등이 그렇다."라고 했다.

연습문제

① 1. O   2. X   3. X   4. O
   5. X   6. X   7. X   8. X

② 1. 闭幕   2. 鼓励   3. 引导   4. 符合   5. 调整
   6. 意味   7. 预期   8. 稳定   9. 宽松

③ 1. 全面放开二孩。
   2. 独生子女的政策开始退出历史舞台。
   3. "70后"受益最大, "80后"和"90后"生育二孩的占比较大, 而"50后"和"60后"赶不上末班车。
   4. 考虑如何鼓励和引导符合政策的育龄妇女在宽松的法律政策环境下生育。
   5. 全面放开二孩后, 总和生育率已达到平衡, 低生育率趋势难以改变。

실력 보태기
두 자녀 정책 완화에 천 억 시장 확대

시난증권연구소 개발센터는 전면적인 두 자녀 정책 완화로 인해 2016-2018에 신생아 5,666만 명이 태어날 것이고, 신생아의 증가는 주로 중소도시와 작은 도시에서 시작될 것이며, 늘어날 신생아 출생 이전 3년간의 육아 (관련) 지출은 대략 3,000억의 증가(량을 보이는) 시장을 형성할 것이라고 예측했다.

화타이증권의 쉐허샹은 "두 자녀 정책 완화 이후 2018년 신생아는 2,000만 명을 넘을 가능성이 있는데, 단기적으로는 직접적으로 모자 의료, 아동 약품, 분유, 모자 생활용품, 완구, 영유아 교육, 아동 의복, MPV 자동차 등 8가지 주요 소비 수요를 자극할 것이고, 장기적으로는 전체 경제에 노동력 공급을 제공하여 잠재적 경제 성장의 동력을 향상시킬 것이라 여겨진다."고 하였다.

팡정증권 거시경제 분석가인 궈레이도 일부 직접 관련 있는 산업은 영아붐에서 이익을 얻을 것이라며 "16세 성년 전 아이의 도시와 농촌의 평균 부양 자본을 20만으로 대략 계산하면 두 자녀 영아붐이 가지고 있는 소비 이익은 대략 매년 1,200-1,600억이다."라고 했다.

궈레이는 "단기적으로 두 자녀붐의 도래는 관련 식품, 완구, 모자 의료, 아동 의복, 가정용 자동차, 교육 훈련 등 분야의 발전을 촉진할 것이고, 중기적으로 보면 중국 인구의 연령 구조를 변화시켜 노령화 속도를 늦출 것이고, 부동산 등의 분야도 일정 부분 이득을 볼 것이다."라고 보았다.

그러나 그도 지적했듯이 두 자녀 완화의 중국 경제에 대한 긍정적 의미는 주로 중장기적으로 노령화의 완충에 있지 경제 추세의 단기적 영향에는 상대적으로 한계가 있다.

실제로 '13·5' 계획 중에 관심을 받는 문제가 바로 인구 문제인데, 두 자녀 정책 뿐 아니라 노인복지 서비스도 포함된다. 오늘날 우리나라의 노인복지 서비스는 공급 수요가 맞지 않는 심각한 상황에 처해있어 〈중국 노인복지 산업 계획〉 추산에 따르면 2030년까지 노인복지 (관련) 서비스업의 총생산액은 10만억 위안을 초과할 가능성이 있다.

4과

본문
제10차 한중일 외교 고위급 회의 한국에서 개최

제10차 한중일 외교 고위급 회의가 11일 한국 서울에서 개최되었다. 중국 외교부 부부장 류전민과 한국 외교부 차관보 이경수, 일본 외무성 심의관 스기야마 신스케와 한중일 협력사무국 사무총장인 이와타니 사게오가 회의에 참가했다.

이번 외교 고위급 회의의 주요사항은 3월 하순에 열릴 제7차 한중일 외교장관 회의 준비를 위한 것으로, 삼국 고위인사들은 외교장관 회의와 관련된 준비에 대해 심도 있는 토의를 진행했고, 초보적 단계의 인식을 같이 했다. 또한 계속해서 밀접한 교류와 협조를 유지하는 것에 동의했으며, 삼국 외교장관 회의가 순조롭게 거행될 것을 확인하였다.

류전민은 "삼국의 공통적인 노력을 통해서 한중일 외교장관 회의가 개최될 것이다. 이번 외교장관 회의는 2년간 정지된 후 다시 거행되는 것으로 쉽게 성사된 것이 아니니 소중히 여겨야 한다. 중국 측은 이번 외교장관 회의를 매우 중요하게 여기는데, 삼국이 적극적으로 협력을 추진하는 동시에 문제를 회피하지 않는 정신에 입각하여 이번 회의를 잘 기획하고, 삼국의 협력이 올바른 궤도를 따라서 건강하고 안정적인 발전을 이루길 희망한다."고 했다.

(또한) 류전민은 "한중일 협력은 삼국 공통의 사업이며 또한 동아시아 협력의 중요한 구성 부분이다. 최근 2년 동안 삼국의 협력은 눈에 띄는 성과를 얻었는데, 자유무역지대 회담이 안정적으로 추진되었고 투자협정도 작년에 정식으로 효력을 나타냈으며, 동아시아 문화도시나 아시아 캠퍼스 등의 협력 항목의 영향이 계속해서 확대되었고, 환경보호나 자금, 과학기술 협력이 점진적으로 심화되었다. 중국 측은 각국과 경제무역이나 지속 가능한 발전, 인문과 비전통적인 안보 등의 영역에서의 교류와 협력을 강화하고, 한중일 합작을 심화하여 지역의 번영과 안정 촉진에 기여하길 희망한다."고 했다.

연습문제

① 1. X 2. X 3. X 4. X
　5. O 6. X 7. O 8. O

② 1. 促进 2. 协商 3. 密切 4. 协调 5. 确保
　6. 即将 7. 共识 8. 值得 9. 轨道

③ 1. 中国外交部副部长刘振民、韩国外交部次官补李京秀、日本外务省审议官杉山晋辅及中日韩合作秘书处秘书长岩谷滋雄参加会议。

해석 및 정답

2. 为即将在3月下旬举行的第七次中日韩外长会做准备。
3. 这是外长会停办两年后再次举行。
4. 中国希望三国本着积极推进合作，同时又不回避问题的精神筹办好此次会议。
5. 近年来，中日韩在环保、财经、科技等方面进行了交流与合作。未来中国希望在经贸、可持续发展、人文、非传统安全等领域进行交流与合作。

실력 보태기
왕양, 한국 방문해 한국의 박근혜 대통령과 회견

한국을 정식으로 방문 중인 국무원 부총리인 왕양은 23일 서울에서 한국의 박근혜 대통령과 회견을 거행했다.

왕양은 먼저 시진핑 주석이 박근혜 대통령에게 보내는 전언을 전달했다. 시진핑 주석은 전언 중에 한중관계의 발전을 긍정적으로 평가했고, 박근혜 대통령과 밀접한 소통을 유지하여 공동관심사에 대해서는 수시로 의견을 교환하여 한중 전략적 협력 동반자 관계를 더욱 깊게 하길 희망함을 강조했다.

왕양은 양국 원수의 관심과 추진 하에 한중관계의 발전 추세는 확대될 것이고, 실무적인 협력이 계속해서 발전되고 있다고 말했다. 또한 쌍방이 함께 노력하여 인문적 교류와 인적 교류를 확대하고 빠른 시일에 한중 자유무역협정을 체결하여 효력을 발생시키고 공동으로 아시아 지역 경제 일체화를 촉진하기를 희망한다고 했다.

박근혜 대통령은 시진핑 주석이 특별히 전언을 준 것에 감사하고, 전 세계 경제가 불경기인 상황에서 중국 지도자들이 중국인들을 이끌고 중국의 꿈을 실현하여 중요한 성취를 해냈다고 밝혔다. 한중이 각 영역의 교류 협력의 규모가 큰 것은 매우 고무적인데, 한국에서 '중국 여행의 해'를 실행하는 것도 양국의 인문적 교류가 올해의 중점 항목이기 때문이며, 한국은 중국 측과 각 영역에서 밀접한 소통과 협력을 유지하여 가능한 빨리 무역협정에 합의를 이루어 양국의 경제 발전과 동아시아 구역의 협력을 촉진하길 희망한다고 하였다.

양측은 또한 한반도 정세에 대해 의견을 나누었다.

같은 날, 왕양은 한국의 최경환 부총리와 회담을 진행하였고, 한국의 황우여 부총리와 공동으로 '중국 방문의 해' (행사) 개막식에 참석하였고, 또한 한중 경제 무역 포럼에서 강연하였다. 양국의 관련 부서는 경제 무역 발전 연합 계획과 협력, 교류 계획에 대해 체결하였고, 공동으로 인문 교류 항목의 목록을 발표하였다.

왕양은 한국 대기업의 담당자들과 회견하기도 했다.

5과

본문
중국 경제 발전 속도 침체 지속

미국 《월스트리트저널》 사이트 1월 30일 보도에 따르면, 중국은 지난 몇십 년 동안, 중앙으로부터 지방의 각급 정부에 이르기까지 모두가 줄곧 경제성장 목표를 반드시 달성해야만 하는 목표로 간주해왔다. 각 성은 일반적으로 모두 전국 경제성장 목표(일반적으로 약 7-8%)를 추월하고자 경쟁했을 뿐 아니라, 목표액을 초과 달성하여 임무를 완수해 왔다.

현재, 중국의 지도자는 경제가 지속적으로 침체되는 것, 그들이 이른바 '새로운 상태'에 불과하다고 하는 것에 대해 묵인하는 태도를 지니고 있다. 각급 정부도 이를 하나의 신호로 간주하고 있다. 보도에 의하면, 중국의 단 하나의 성에서만 올해의 경제성장 목표를 하향 조정하지 않았고, 상하이는 아예 이 목표를 취소했다. 많은 경제학자들은 줄곧 중국이 전국적으로 이러한 조치를 취해야 한다고 강조해왔다.

중국 경제는 지난 몇 년 동안 놀라운 속도로 발전을 지속해왔지만, 현재는 경기 침체에 직면해 있으며, 많은 경제학자들은 피할 수 없는 문제로 간주하고 있다. 리커창 총리 및 많은 관료들은 현재 이러한 관점에 대해 동의하고, 그들은 현재 이러한 메세지를 표명하고자 한다. "경제성장의 속도는 그렇게 중요하지 않다. 지금은 경제성장의 '질'이 더욱 중요하다. 즉, 불평등, 부채규모의 지속적 증가, 지나친 건설과 환경파괴 등의 문제해결을 위해 더욱 노력해야 한다."는 것이다.

영국의 《파인낸셜타임즈》 사이트 1월 30일 보도에 따르면, 오랫동안 중국 국내생산 총가치는 줄곧 중국관료 실적의 가장 중요한 지표의 하나로 평가되어 왔고 하지만 비평가들은 이것이 데이터 왜곡 현상을 만들어냈을 뿐만 아니라, 심각한 환경 파괴와 과잉 투자를 초래한 점을 지적했는데, 부동산업계의 투자 과잉 문제가 가장 두드러진다.

경기침체가 지속됨에 따라, 중국 정부는 양적 경제성장에만 중점을 두지 말고, 질적 경제성장을 중요시해야 한다고 했다. 중국 시진핑 국가주석은 지난해 "우리는 더 이상 국내총생산만으로 그렇게 간단하게 영웅을 논할 수는 없을 것이다."라고 말한 바 있다.

연습문제

① 1. ○   2. ○   3. X   4. ○
　 5. X   6. X   7. ○   8. X

② 1. 目标 2. 质量 3. 放缓 4. 容忍 5. 信号
　 6. 以……论英雄/衡量 7. 歪曲 8. 争相
　 9. 超额

③ 1. 一般都能完成经济增长7-8%的目标，并确保超额完成。
　 2. 经济持续放缓。
　 3. 他们认为这是不可避免的。
　 4. 即要努力解决不平等、债务规模持续增加、过度建设和破坏环境等问题。
　 5. 国内生产总值。

실력 보태기
한국 동해안권 경제자유구역 투자환경 설명회 개최

1월 27일 오전, 한국 동해안권 경제자유구역(EFEZ) 투자환경 설명회가 회의실에서 개최되었는데, 이는 소규모IR(투자자관계 기업설명활동)을 통해 후난성 투자자가 한국 동해안권 경제자유구역에 관심을 갖도록 하는 데 목적이 있다.

아시아처의 천따양 처장은 설명회를 주관하며, 한국과 후난의 경제무역 협력관계는 줄곧 밀접한 관계를 유지해왔고, '수출'과 '수입' 방면 모두 합작할 수 있는 분야가 많을 것이라 생각한다고 말했다. 이는 한국 동해안권 경제자유구역청의 관계자가 처음으로 후난까지 와서 설명회를 개최한 것으로, 그 구역 안에서의 투자환경과 특혜정책에 대한 분석은 회의에 참석한 후난성 기업 대표들이 투자기회를 확보하는 데 유익한 자리가 되었다.

동해안권 경제자유구역청의 김현중 처장은 회의에 참가한 기업 대표들에게 환영과 감사를 전한 후에, 동해안권 경제자유구역 홍보영상을 방영했다. 그 홍보영상은 외국투자자의 시각에서 투자자가 초기에 투자선택을 하는 것에서부터 최종 성공적인 투자운영까지의 전 과정을 기록하고 있으며, 사실적이고 구체적으로 동해안권 경제자유구역이 외국투자자가 큰 매력을 가지고 있음을 보여주었다. 이어서, 김진광 주임은 PPT를 이용하여 경제자유구역 내의 북평(동)지역에 대해 상세하게 소개했고, 그 지역에 대한 투자에서 누릴 수 있는 세금, 세관 등 방면의 특혜정책에 대해 중점적으로 설명했다.

뒤이어 진행된 질의응답에서, 한국에 투자의향이 있는 기업 대표들이 앞 다투어 질문을 했고, 그 질문은 토지 구매, 비자 처리, 한국시장의 그 상품에 대한 수용도 등 다방면에 연관된 것들로, 한국측 대표는 이에 대해 상세하게 빠짐없이 답변하였다.

6과

본문
체육 과목의 질 높여 학생의 체력 증강

체육 과목은 초·중·고등학교 학생의 심신건강 발전에 중대한 의의가 있다. 하지만 요즘 부모님들은 성적을 지나치게 중시하여 체육 과목이 갈수록 중요하게 여겨지지 않으면서 어느 면에서는 학생들의 체력 저하를 야기하고 있다. 양회 기간에, 시인민대표 공옌훙, 황차오메이, 황전 등 6명은 초·중·고등학교의 체육 교과목 강화 및 확대에 대한 건의를 제출하였다.

공옌훙 등 대표들은 체육 과목 개설은 바로 학생들의 신체를 단련시키고, 동시에 체육활동을 통해 학생들이 단결과 협력을 배우게 하고, 단체 안에서 협력 정신을 증강시키기 위한 것이라고 말했다. 하지만 체육 시간에 뜻밖의 사건사고가 발생함에 따라, 점점 많은 학교들이 체육 과목을 줄이거나 심지어 취소까지 하는 실정에

해석 및 정답

있다. 이는 어느 면에서는 학생들의 체력 저하를 초래하고, 장기적으로 볼 때에 아이들의 신체발육에 좋지 않은 영향을 미치게 될 것이다. 체육 시간 동안의 학생의 안전문제, 지도교사의 역량과 운동장의 기자재 부족 등은 모두 체육 과목의 질을 저하시키는 주요 원인에 속한다.

위에서 언급한 원인들에 대해, 공옌홍 등 대표들은 체육 과목을 중시하고, 학생들의 체력을 증강시키기 위하여 아래의 몇 가지 방안을 통해 추진할 것을 건의하였다.

1. 주관부서에서 학생들의 보험 가입 정책을 추진하여 학생들의 재학 기간 동안의 안전문제를 해결한다.
2. 초·중·고등학교 체육 과정 개혁을 강화한다. 취미에 따라 선택하여 수강할 수 있는 수업을 개설함으로써 학생들의 체육 과목에 대한 흥미를 높이고 적극성을 증가시킨다.
3. 체육 과목을 학교의 전면적인 업무 평가조건에 포함시킴으로써 학교가 체육 과목에 대한 규정 제도의 제정을 강화시키고 학교, 특히 농촌학교의 체육 과목을 점차로 규범화, 과학화되도록 한다.
4. 운동장 및 기구 시설의 설치를 강화한다. 현재 체육 경비 조달이 어려운 상황에서는 부분적으로 농촌의 초·중·고등학교는 현지 실정에 맞게 적절한 대책을 세워 현지에서 재료를 조달하고, 교사와 학생들이 부분적으로 기구를 직접 제작하도록 독려함으로써 체육 수업의 수요를 만족시킨다.

연습문제

① 1. O   2. X   3. O   4. X
   5. O   6. X   7. X   8. O

② 1. 过度   2. 开展   3. 锻炼   4. 经费   5. 评估
   6. 团队/因地制宜   7. 意外   8. 师资   9. 身心

③ 1. 越来越不重视。
   2. 两会期间。
   3. 体育课学生的安全问题、师资力量和体育场地器材的缺乏。
   4. 主管部门推行为学生购买保险的政策。
   5. 教师和学生自制部分器材来满足体育教学的需要。

실력 보태기

부패척결로 중국의 금메달 강박 벗어나면 대중체육 이익 커져

외신에 따르면, 중국에서 현재 진행되고 있는 반부패 행위로 또 하나의 '희생양'이 생겼는데, 바로 국가가 금메달에 지나치게 집착하는 것이다.

블룸버그 통신 사이트의 1월 28일 보도에 따르면, 중국 국가 체육 총국의 한 보고서에 베이징시는 다른 성 출신의 선수가 아시안게임이나 올림픽에서 금메달을 따면 성급 정부나 관료를 표창하던 것을 더 이상 시행하지 않을 것이라고 했다고 한다.

보도에 따르면, '금메달에 대한 집착'을 버리게 하는 것은 중앙질서검사위원회의 감독자들을 만족시키기 위한 것이라고 한다. 중앙질서검사위원회는 반부패 감독기관으로 이 기구는 줄곧 부패척결을 위해 진력하고 있다.

체육관원들에 의하면, 금메달에 대한 집착이나 이와 관련하여 경제적인 상을 주는 것은 일부 운동선수와 감독들로 하여금 "수단 방법을 가리지 않고 시합에서 이기고자하게 하는가 하면, 스포츠인의 스포츠 정신과 도덕규범 및 법률을 위반하게 한다."고 한다. 중국 체육기관은 현재 대중들의 체육 참여 증대 및 교육 정책 개선으로 그 중점을 바꾸고 있다.

보도에 따르면, 중국은 오랜 기간 동안 국제경기에서 더욱 많은 금메달을 따는 것에 전력을 쏟았다고 한다. 2008년 베이징올림픽에서, 중국의 선수들은 총 100개의 메달을 획득했으며, 그 중에 금메달의 수량이 51개에 이른다. 런던올림픽에서, 중국의 선수들은 38개의 금메달을 획득했으며, 미국의 금메달 수에 비해서 8개가 적을 뿐이었다.

국제경기에서 좋은 성적을 얻기 위해서, 중국은 소련 및 동독의 계획과 유사한 집중적인 체육계획을 세웠었다. 비평가들은 이 조치에 많은 자본이 드는 것을 비판하였으나, 이러한 시스템을 통해 챔피언이, 특히 스피드 스케이팅과 다이빙 등의 개인항목에서 탄생했다.

보도에 따르면, 그러나 중국 참가 선수들은 대부분 경기를 이겨야만 한다는 극도의 스트레스를 받았다고 한다. 설령 경기에서 은메달이나 동메달을 받아 경기의 순위에 들어도 충분치 못하다는 평가를 받는다고 한다. 2012년에, 은메달 수상자인 우징뱌오는 국영방송에서 끝내 울음을 참지 못하고 대성통곡을 했다.

우징뱌오는 당시 "저는 조국에 죄를 지었습니다. 저는 중국 역도팀에 죄를 지었습니다. 저는 저를 아끼고 사랑해주신 모든 분들에게 죄를 지었습니다."라고 말했다.

7과

본문
작년엔 〈아빠 어디가〉 열풍, 올해는 〈꽃보다 할배〉 인기 기대

작년에 후난 위성TV의 가족 리얼리티 프로그램 〈아빠 어디가?〉가 크게 흥행에 성공하면서, 프로그램에 출현한 '아빠'들도 모두 인기를 얻었다. 소식에 의하면, 한국의 예능 프로그램 〈꽃보다 할배〉가 이미 둥팡 위성TV에 수입되었는데, 이는 다시 말해서, 올해는 '할아버지'들이 인기를 얻게 될지도 모른다는 것이다. 〈꽃보다 할배〉와 같이 〈아빠 어디가?〉도 한국에서 들어온 것으로, 이 프로그램은 한국에서 〈아빠, 어디가?〉로 불리는데, 이는 한국의 3대 예능 프로그램 중 하나이다.

그 밖의 두 프로그램 중, 〈1박 2일〉은 이미 쓰촨 위성TV에서 자리잡았고, 〈런닝맨〉도 올해 중국에 들어올 예정이다. 기자가 저장 위성TV에서 얻은 소식에 의하면, 그들은 지금 SBS와 공동으로 중국판 〈런닝맨〉을 개발 중이며, 임시로 〈달려라, 형제〉로 이름 지었는데, 이 프로그램은 올해 4분기에 선보일 예정이다.

현재, 한국 예능 프로그램의 저작권은 중국 내 대형 방송사들이 앞 다투어 가지고 싶어하는 대상이 되었다. 〈우리 결혼했어요〉, 〈맘마미아〉, 〈불후의 명곡〉 등 한국의 예능 프로그램들이 잇달아 중국 내에서 방송을 시작했다. SBS·MBC·KBS 3대 방송사의 예능 프로그램은 심지어 저작권을 미리 예약해야 할 정도이고, 한국의 케이블 채널인 TVN의 〈The Romantic〉, 〈세 얼간이〉, 〈더 지니어스〉 등 프로그램의 저작권도 이미 다 팔린 상태이다.

한국 예능 프로그램의 저작권이 이렇게 인기를 얻으면서 동시에 저작권비도 눈에 띄게 높아졌다. 각국 예능 프로그램 모델 연구에 종사하는 러정미디어 총감독인 펑칸은 기자들에게, 현재는 "기본적으로 (작품이) 나오는 즉시 바로 팔려나가는 상태여서 어떤 프로그램들은 연구 개발 중에 사전에 팔릴 정도이다."라고 했다. 펑칸은, 이전에는 1회에 1만~3만 달러 사이였지만, 지금은 천정부지로 치솟아 가장 높은 것은 심지어 원래 가격의 10배에 이른다고 했다. 적지 않은 관련 업계의 관계자들은, 이전에 후난 위성TV에서 도입한 〈나는 가수다〉, 〈아빠, 우리 어디가?〉를 도입할 당시와 같이 (저작권을) 평가하던 시절은 영원히 다시 오지 않을 것이라고 했다.

연습문제

① 1. O   2. O   3. O   4. X
　 5. O   6. O   7. O   8. X

② 1. 水涨船高   2. 走红   3. 加盟   4. 引进
　 5. 开播/版权   6. 预订   7. 透漏   8. 对象
　 9. 售卖一空

③ 1. 引自韩国。
　 2. 〈爸爸我们要去哪儿〉、〈两天一夜〉和 〈Running Man〉。
　 3. 四川卫视。
　 4. 韩国综艺节目版权遭到哄抢, 版权费也明显增长。
　 5. 〈我是歌手〉和〈爸爸我们要去哪儿〉。

실력 보태기
'한류' 열광, 언제 멈출까?

'한류'가 중국에 진출한 지는 이미 20여 년이 되었다. 한국 드라마로부터 한국 배우들, 또 요즘의 한국 예능 프로그램까지, 그 폭발적인 열기는 아직까지 식은 적이 없다. 스타를 쫓아다니는 열성팬은 이미 통제하기 어려운 지경에 이르렀다. 한류스타들 때문에 폭행을 하고 인터넷에서 서로 헐뜯고, 배고픔을 참으면서도 아낀 돈으로 거금을 써서 콘서트 티켓을 살만큼 한류팬들(Fans)은 이미 '광분' 상태이다. 멀리 떨어져 있는 스타들이 어린 소녀들을 정신없게 할 뿐 아니라, 가까운 거리에서 보기라도 하면 쓰러질 지경에 이르게 하니 한류스타들의 영향력이 어찌 그리도 큰 것인가? 이러한 기형적 스타 추종 방식, 스타를 추종하는 심리는 이미 사회에 매

해석 및 정답

우 부정적인 영향을 끼치고 있는데, '한류' 열풍은 언제나 멈출 수 있단 말인가?

광적으로 스타를 추종하는 것은 몸과 마음이 상하기 쉽다. 젊은 스타추종자들은 우선 물질적인 밑받침이 있어야 하는데, 스타와 관련된 물건들이 너무 많고 비싸기 때문에, 돈이 없으면 추종할 밑천도 없는 것이다. 이 때문에, 열성팬 가정은 아직 독립하지 못한 이 세대를 지원하기 위해 큰 대가를 지불해야만 하는데, 이것은 많은 가정에게 감당하기 어려운 수준이다. 다음으로, 스타를 쫓아다니는 것은 매우 가슴 아픈 일이다. 스타를 만나는 것은 어렵고도 어려운 일이기 때문에, 많은 우여곡절 끝에도 대부분 멀리서 한 번 볼 수 있는 정도이니, 가슴 아픈 일이다. 만약 정말 가까운 거리에서 만날 수 있다 해도, 많은 어린 소녀들은 감동한 나머지 기절을 해서, 깨어난 후에는 후회가 멈추지 않으니, 더 마음 아픈 일이다. 스타는 곧 하늘의 별처럼 아무리 쫓아가도 아득하여 다가갈 수 없으니, 제발 자신을 소중히 여기고 이성적으로 스타를 쫓아다니길 바란다.

스타의 고가 출연료는 시장(= 소비자)이 '스타들을 쫓아다니는 것'에서 나온다고 할 수 있다. 모두 알고 있다시피, 이와 같이 폭발적인 인기를 누리는 한류스타의 출연료는 중국스타와 비교했을 때 그 차이가 매우 크다. 따라서 많은 한류스타들이 계속해서 '돈을 벌려고' 중국에 오는 것이다. 최근 몇 년 동안은 한류스타 뿐만 아니라 중국스타의 몸값조차 많이 상승해서, 예능 프로그램 1회 출연료는 수백만 위안에 달할 정도이다. 스타의 고가 출연료는 소비자가 만든(시장이 조절한) 결과이다. 바꾸어 말해서, 바로 우리같은 광적인 열성팬들에게서 나온 것이다. 스타를 쫓아다녀도 괜찮지만, 추종 방법을 생각해 보아야 하고 이성적이어야 한다. 스타를 쫓아다니느라 절대로 모든 것을 놓아서는 안 된다. (스타들을) 추종하는 것은 정신적인 (영역의) 추구이므로 반드시 현실 생활과 구분을 명확히 해야만 한다.

8과

본문

교양 있는 여행도 교육과 제도의 병행 필요해

설 연휴가 다가옴에 따라 어떤 사람들은 집에 돌아가 친지들과 모이는 것을 선택하고, 어떤 사람들은 연휴를 이용해서 외국으로 여행을 가고 싶어하는데, 어디를 가든지 문명여행(=교양 있는 여행)은 모두가 준수해야 할 규칙이다.

요 몇 년 동안, 중국 국민들이 세계 각지로 가면서 교양과는 부합되지 않는 행위들이 나타났다. 예를 들어 아무 데나 가래를 뱉거나 함부로 쓰레기를 버리고, 마구 낙서하고 칠하는 행위 등등인데 이러한 현상의 출현은 어느 정도에서는 국민의 소양 수준을 반영하는 것이라고 할 수 있다. 국민의 교양 자질을 향상시켜야만 근본적으로 문명여행이라는 문제를 해결할 수 있다. 따라서 국민의 소양을 끌어올리는 것이 시급히 해결해야 할 문제가 되었다. 소양의 제고는 교육을 통해야 하는데, 가정, 사회, 직장, 학교 등에서 시작하여 공중도덕 교육, 인격 교육을 주요 내용으로 하여 국민을 교육하고 선도함으로써 사회 공동의 문명 체계를 세워야 한다.

소양 교육의 기초 위에 또한 실행 가능한 제도를 제정하여 교양 없는 여행 행위에 대한 제약을 확대해야 한다. 일찍이 2006년에 중앙문명반과 국가여행국이 연합하여 〈중국 국민 해외여행 문명 행위 지침〉, 〈중국 국민 국내여행 문명 행위 규정〉을 공포하였다. (그러나) 시간이 10여 년 흐른 지금도 국민의 교양 없는 여행 현상은 크게 나아지지 않았다. 이는 단순히 홍보나 교육, 선도, 제안에 의거하면 여전히 일부분의 사람들의 관념은 달라지지 않음을 나타내는 것이니, (이는) 자율적으로 하게 할 수 없는 문제라 제도로써 감독을 확대해야 할 필요가 있다.

최근에 국가여행국이 발표한 자료에 보면, 중국은 올해부터 등급별로 여행객의 교양 없는 행위의 기록을 정리하여 〈여행객의 여행에서의 교양 없는 (행위) 기록 및 관리 방안〉을 제정하고 또 실시하려고 한다. 이 방법은 국가적으로는 여행객 블랙리스트를 확보하여 교양 없는 여행객에게 어느 정도의 제약은 줄 수 있을 것이다. 그러나 여행객 블랙리스트가 진정으로 그 효과를 발휘

하려면 실행 가능하고 활용성을 갖춘 실시 세칙을 제정해야 하고, 진정으로 교양 없는 여행객에게 본인의 교양 없는 행위로 인한 '계산을 하도록' 해야 할 것이다.

연습문제

① 1. X   2. O   3. O   4. X
　5. X   6. O   7. O   8. X

② 1. 黑名单 2. 遵守/买单 3. 团聚 4. 依靠
　5. 分级 6. 足迹 7. 颁布 8. 监管 9. 约束

③ 1. 一些人回家与亲人团聚，一些人利用假期外出旅游。
2. 随地吐痰、乱丢垃圾、乱写乱涂等等。
3. 依靠教育，从家庭、社会、单位、学校等入手，以公德教育和人格教育为主要内容，教育、引导好公民，构建社会共同的文明格局。
4. 各种文明旅游的规定了差不多10年了，公民的不文明旅游现象改观不大。
5. 开始建立游客旅游不文明档案，制定并实施《游客旅游不文明记录管理办法》。

실력 보태기

한국인 해외여행자 평균 지출은 1만 위안에 달하고, 파리와 미국을 가장 선호

한국 연합뉴스에 따르면, 한국인이 작년 평균 해외여행에서의 지출 비용은 한화로 167만 원(대략 인민폐 9,800위안) 이상에 달하고, '파리'가 한국인이 가장 가보고 싶은 도시로 선정되었다고 한다.

한국의 마스터카드는 최근에 서울과 부산에 사는 18-64세의 사람들을 대상으로 '소비 순위 차트'에 관한 설문조사를 실시하였다. 조사의 결과에 따르면, 2014년 1년 동안, 출장을 제외한 해외여행의 소비 중에서 평균 해외여행 지출은 대략 한화 166만8천9백 원 정도로 대략 중국 내 1인당 평균 여행 소비의 4배 정도이다.

그 중에, 비행기 표를 포함한 교통비가 32%로 차지하는 비중이 가장 크고, 그 뒤로 차례로 숙박비가 22%, 식비 16%, 쇼핑 12%, 오락 10% 등의 비용이다.

'어느 도시를 가장 가고 싶은가?'에 대한 질문에는 14%의 사람들이 프랑스의 파리에 가는 것을 선택하였고, 그 다음으로 미국의 뉴욕이 9%, 호주의 시드니가 5%였다. '가장 가고 싶은 나라'의 랭킹에는 미국이 55%로 1위를 차지했고, 그 다음으로는 호주가 53%, 캐나다가 42% 등이다.

조사 대상자 중 59%의 사람들이 작년 1년 중에 적어도 한 번의 해외여행을 다녀왔다고 했고, 이 사람들 중의 84%는 올해에도 해외여행을 갈 기회가 더욱 많기를 희망한다고 밝혔다.

9과

본문

국무원 심각한 스모그 발생시 정부가 생산중단과 운행 제한 할 수 있는 법규 제정 예정

어제, 국무원판공실은 〈대기오염 방지법(수정 초안의 의견수렴안)〉에 대하여 사회에 공개적으로 의견을 물었다. 의견수렴안에서 규정하길, 국가에서는 극심한 대기오염 현상을 관찰 예보하는 시스템을 제정하고, 오물 배출 허가제를 실시하게 될 것이라고 하였으며, 동시에 석탄·동력엔진차량·먼지 등의 중점 분야 및 주요 지역의 대기오염 방지를 강조했다.

의견수렴안에 따르면, 심각한 스모그와 같은 심한 대기오염 현상이 발생할 때, 성급 인민정부는 반드시 시기 적절하게 예비경보를 내려야하고, 현급 이상의 지방 인민정부는 대기오염 정도에 따라 응급경보를 내려야하며, 관련기업의 생산을 중단하고 부분적인 자동차 운행 제한 등의 대응 조치를 취해야 한다.

의견수렴안에 따르면, 오늘 이후 지방정부에서는 만일 대기환경에 오염을 발생시킬 수 있는 중점 영역에 대한 기준을 제정하고자 할 경우에는 관련된 성급 정부의 의견을 수렴해야만 하며, 아울러 회의와 채택 상황을 그 규정 심사와 비준의 중요 근거로 삼아야 한다.

현행의 〈대기오염 방지법〉은 2000년에 개정되었으나, 지난 3년 동안에 스모그 현상이 베이징·상하이·톈진 등 대도시에서 빈번하게 발생하고 있어, 대기오염 예방은 매우 시급한 문제로 등장했다. 작년 9월, 국무원

해석 및 정답

은 대기오염 방지법 설치 10조 조례를 공포했다. 하지만 14년 전에 제정된 이 법률은 이미 현재의 심각한 대기오염 상태에는 적합하지 않다.

현행의 〈대기오염 방지법〉과 비교했을 때, 이번 의견 수렴안은 '대기오염 방지 기준과 규획' 및 '주요 지역 대기오염 연합 방제', '심각한 대기오염 대응법' 등 세 항목이 추가되었다.

연습문제

① 1. X   2. O   3. X   4. X
   5. X   6. O   7. O   8. X

② 1. 征求 2. 采纳 3. 停产 4. 频繁/预警
   5. 依据 6. 严峻 7. 迫在眉睫 8. 限行
   9. 措施

③ 1. 燃煤、机动车、扬尘等。
   2. 政府发出紧急预警，责令相关企业停产限产、限制机动车行驶等措施。
   3. 需要征求省里的意见。
   4. 因现行的《大气污染防治法》与当前的严峻的大气污染形势不相适应。
   5. 北京、上海、天津等大城市。

실력 보태기

중추절 날씨 쾌청, 아침저녁은 여전히 선선

어제는 아침저녁으로 약간 쌀쌀했지만, 전체적으로 약간 더웠다가 한낮엔 심지어 참을 수 없이 땀이 흐를 만큼 더웠다. 둥관시 기상대 예보에 따르면, 대륙성 고기압의 영향으로 오늘은 맑은 가운데 구름이 많은 날씨가 이어지겠다. 그리고 내일과 모레 이틀은 약한 찬 공기의 영향으로 기온이 조금 내려가고, 구름의 양도 따라서 증가하며, 때때로 잠시 소나기가 스쳐갈 수도 있겠으나 아침저녁은 여전히 선선하겠다. 중추절 연휴 기간 내내 날씨가 좋아서 시민들이 친지나 친구의 집을 방문하거나 교외로 나들이하기 좋겠다.

중추절 이후, '국경절' 연휴 기간에는 열대성 저기압 기류의 영향으로 구름 많은 날씨가 이어지겠고, 북풍이 약간 강해지겠다.

오늘 날씨는 맑다가 구름이 많아지겠고, 기온은 26~34℃이며, 2급 편남풍이 불겠다. 내일은 구름이 많다가 맑아지겠고, 기온은 26~32℃이며, 2~3급의 편북풍이 불겠다.

10과

본문

설날 인구대이동 오늘 정식 시작, 11일-17일 사이 승객 유동 최고 절정

오늘(4일)부터 일 년에 한 차례의 설날특별운송 기간의 막이 올랐다. 어제 新文化 기자가 창춘역에서 취재한 소식에 따르면, 올해 설날특별운송 기간에 창춘역을 이용하게 될 승객이 240만 명 정도가 될 것으로 예측했다. "40일에 이르는 설날특별운송 기간 업무가 오늘 정식적으로 시작되었다. 올해 창춘역을 이용하게 될 승객은 240만 명으로 추산되는데, 일평균 6만 명으로, 작년 같은 시기에 비하여 7만3천 명이 증가했다." 매표소의 가오차오 부주임에 따르면, 명절 이전에는 11일-17일이 승객 유동의 최고 절정기로, 일평균 6만2천 명 정도에 이를 것이며, 명절 이후에는 2월 24일-3월 6일 사이가 승객 유동의 최고 절정기로, 일평균 승객유동량이 6만8천 명에 달할 것이라고 추산했다. 한편 창춘서역은 이용 승객이 20만 명에 이를 것으로 예측했다.

올해 설날특별운송 기간에 창춘역·창춘서역은 모두 베이징·지린·퉁랴오·위슈·바이청 등의 지역으로 가는 임시열차 58편을 증편 운행한다. 설날특별운송 기간에 승객 운송의 안전을 확보하기 위하여, 지린성 중국 인민무장 경찰부대는 40명의 중국 인민무장 경찰부대원을 당직자로 파견하였다.

그 밖에, 新文化 기자가 지린공항공사에서 조사한 바에 따르면, 올해 10개의 항공사가 베이징·상하이·광저우·항저우·샤먼·산야·하이커우·옌타이 및 한국의 서울 등 국내와 국제 주요 도시 노선에 대해서는 534편을 증편할 예정이라고 했다.

또한 新文化 기자가 창춘교통운수국에서 조사한 바로는, 올해 설날특별운송 기간에 창춘시의 도로 여객수송량은 2014년에 비해 1% 증가하여 약 594만 명 정도가 될 것이라고 하였다. 특히 음력 섣달그믐날부터 정월초 사흘날 사이에는 승객의 이동 변화 상황에 따라 운행횟수와 시간을 적절하게 조정할 것이며, 정월초나흘날 쯤에는 정상운행이 회복될 것으로 보았다.

임시열차: 임시여객열차를 '임시열차'라고 약칭하는데, 열차번호는 일반적으로 '临' 자의 한어병음 첫 번째 자모 L로 시작되지만, 일부 임시열차는 K·T·Z 등 정규 열차번호로 시작된다. 임시여객열차는 철도로 운행하는 특별 여객열차로 승객 이동의 수요를 만족시킬 수 없을 때에 추가 운행하는 것이다. 이는 계절적으로나 일시적으로 승객의 수요를 만족시키기 위하여 증편 운행하는 여객열차이다.

연습문제

① 1. X 2. O 3. O 4. O
  5. X 6. X 7. X 8. O

② 1. 农历 2. 了解 3. 车次 4. 补充 5. 增加
  6. 获悉 7. 确保/正式 8. 预计 9. 恢复

③ 1. 2月4日。
  2. 6万人。
  3. 为确保春运期间旅客运输安全。
  4. 今年将有10家航空公司在北京、上海、广州、杭州、厦门、三亚、海口、烟台、韩国首尔等国内、国际重点城市航线上增加534班次。
  5. 根据客流变化情况。

실력 보태기

베이징시 지하철에 여성전용칸 설치 고려

최근 매스미디어 보도에 따르면, 베이징시 정치협상회의 위원 두 명이 아침저녁 출퇴근 러시아워의 지하철에 여성전용칸 설치를 건의했다고 한다. "이렇게 하면, 여성 존중과 보호 정신을 실현할 수 있다."고 정치협상회의 샤오밍정 위원은 설명했다.

매스미디어에 따르면, 베이징시 교통위원회 저우정위 주임은 지하철에 여성과 어린이 전용칸을 만드는 것은 '발전적인 방향'이라고는 언급했으나, 구체적인 세부 실행상황에 대해서는 언급하지 않았다.

2014년도에 베이징시 지하철은 연간 총 30억 명에 달하는 승객을 운송했다. 아침저녁 출퇴근 러시아워에 사람들이 불편한 자세로 끼여 타거나 이리저리 떠밀려 다니는 것은 보편적인 현상이다. 이전에 광저우 사회현황 및 민심연구센터에서 진행했던 한 조사에 의하면, 조사에 참여한 1,500명의 중국 여성 가운데 31%의 여성들이 성희롱 현상이 증가했다고 응답했으며, 많은 사람들이 버스나 지하철은 성희롱 행위가 자주 발생하는 장소라고 응답했다.

일부 몇몇 아시아 국가에서는 이미 여성전용 지하철칸을 설치했다. 일본에서는 성희롱에 관한 보도로 정부 당국의 여성전용 지하철칸 설치가 추진되었고, 말레이시아는 2010년부터 철로와 도로교통 시설에 여성전용 분홍색칸과 여성전용 버스를 설치하였다.

이 제안에 대해 대중들은 적극적으로 지지하는 것 같다. 시나닷컴 온라인 조사에 따르면, 조사에 참여한 8,500명 중, 약 64%의 사람들이 여성전용 지하철칸 설치에 대해 찬성하였으며, 28%의 사람들이 반대하였고, 그 밖에 약 8%의 사람들은 아무런 응답도 하지 않은 것으로 나타났다. 이번 조사 과정에서는 조사 참여자 중 남성이 얼마나 되고 여성이 얼마나 되는지에 대해서는 설명이 없었다.

11과

본문

교육 평등 보장 위해 정부 지원 확대해야

"이전에 우리나라는 고등교육의 자원이 부족해서 엘리트 위주의 교육을 제창하였으나 오늘날 국가 경제가 어느 정도의 규모로 발전하였고, 물질 수준도 일정한 수준에 달하였으니 교육 평등, 즉 균등한 교육에 대해서 논의해야 한다."라고 성 인민대표회의 대표인 정저우시 제1중고등학교 당위원회 서기이며 교장인 주단이 말하였고, 또한 "교육 평등은 우리 교육 개혁의 주요 내용이자 현대 교육의 주요 이념이다."라고 했다.

교육의 평등을 이루기 위해 국가도 계속해서 각종 노력과 애를 쓰고 있으며 교육부도 근래에 많은 조치를 취

해석 및 정답

하여 칭화나 베이징대, 기타 '985', '211' 학교가 학생 모집 계획을 발표할 때 중서부에 치중하고 인구가 많은 성에 치중할 것을 요구하고 있다. 주단은 "교육의 평등 여부는 발달 지역과 그렇지 않은 곳, 도시와 농촌 등 방면에서 나타난다."고 했다.

이외에도 주단은 "원격교육 같은 우세한 교육 자원 수출 모델은 공평한 교육을 촉진하는 데 큰 역할을 하므로 제창하고 발전시켜야 한다."고 여겼으며 또한 "오늘날 허난에는 50여 개의 고등학교만이 원격교육 단자를 갖고 있는데, 그 중에서 성급 시범 고등학교는 단지 20여 개에 불과하고, 그 나머지인 30여 개는 모두 현의 일반학교이다. 교육 종사자의 한 사람으로서 교육이라는 큰 것에서 착안하여, 도시 학교는 사회를 위해 책임을 져야 하고 빈곤한 지역을 위해 공헌을 해야 한다."고 했다.

주단은 "교육 평등을 보장하기 위해 정부의 관심과 정책의 유도, 재정적 지지와 행동력이 필요하다. 정부가 체계적으로 교육 문제를 고려하여 교육의 투자를 늘리고, 소도시에 학교를 더 세우며, 교사의 편제를 늘릴 것을 건의한다. 예를 들면 소도시 학교는 상급반의 인원이 적어 아이가 학교 다니기가 어려우니 학교를 더 세워야 하고, 교사를 더 채용해야 하는 한편, 농촌의 학교는 비록 다니는 사람이 적어도 개설의 수요를 만족하려면 수업을 보장할 때 교사도 역시 줄여서는 안 된다."고 했다.

연습문제

① 1. ◯   2. ✕   3. ◯   4. ✕
   5. ◯   6. ◯   7. ✕   8. ✕

② 1. 編制   2. 輸出   3. 傾斜   4. 責任   5. 投放
   6. 提倡/理念   7. 示范性   8. 譬如   9. 匱乏

③ 1. 教育公平。
   2. 为了实现教育公平。
   3. 能将优势教育资源输出，促进公平教育。
   4. 政府引导、财政支持和执行力。
   5. 多建学校，多招老师。

실력 보태기
둥펑의 '삼부작' 교육 평등 문제 해결

거의 모든 학부모들은 이 문제 때문에 괴롭고, 거의 모든 아이들은 이러한 일에 직면하며, 거의 모든 곳에 이러한 현상이 존재한다. 그것은 바로 초·중등학교 학생들의 학교 선택, 분반, 좌석 배치 등의 문제로, 학부모들은 이것 때문에 온갖 궁리를 하게 되었는데, 설령 이렇게 하고 싶지 않아도 어떤 때는 안 할 수 없어 어쩔 수 없이 하게 된다.

교육은 백년대계이고, 교육 평등은 많은 사람들이 가장 관심을 갖는 문제이니 이 어려운 문제를 어떻게 해결하면 될까? 둥펑현의 시도가 우리에게 좋은 답안이 되고 있다.

10월 22일, 둥펑현에서 자영업에 종사하는 관단이 기자에게 "올해, 제 딸이 초등학교 입학을 하는데 조금도 힘들지 않다. 우리 둥펑의 모든 초등학교는 다 같아서 고르거나 선택할 필요가 없으며 또 관계에 부탁해서 뒷거래를 할 필요는 더더욱 없다."라고 했다.

과거에 둥펑현의 초·중등학교 교사들의 역량은 고르지 않고 차이가 컸다. 많은 학생의 학부모들은 자기의 아이를 우수한 학교로 보내고 싶어했으므로 이로 인해 많은 문제가 생겼고, 사람들의 불만이 매우 컸다. (그래서) 사람들을 만족시키기 위해서 둥펑현은 교육이 균형과 규범, 양질의 방향으로 발전하도록 강력하게 추진하기로 결심하였다. 그들이 진행한 첫 번째 단계는 학교 구조를 조정하는 것으로 학군을 합리적으로 나누는 것이었다. 2009년부터 초·중등학교의 분포를 과학적으로 조정하고 학교를 새로 짓거나 확대하여 두 곳의 중학교가 남북으로 상응하고 네 개의 초등학교가 한 곳씩을 차지하는 분포를 형성하였다. 두 번째 단계는 바로 교사 역량의 배치를 조정하는 것으로 2010년부터 그들은 대담하다고 할 만한 조치를 취하였는데, (즉) 우수 학교와 그렇지 않은 학교 간 교사들의 교류를 진행하고, 심지어는 어떤 한 학년을 '전체로 송두리째 옮기기'도 했다. 이것은 (중국 공산당) 현 위원 상무위원회가 연구하여 결정한 것으로 누구도 바꿀 수 없었다. 이어서 진행한 세 번째 단계는 모든 학교가 전부 고르게 분반하고 햇빛 (쪽) 자리 배치를 실시하며, 의무교육 단계는 일률적으로 야간자율학습을 없애고, 쉬는 시간을 같게 하여 학생이 학교에서 있는 시간과 가정의 숙제량을 통일시

컸다. 둥펑현의 시도는 많은 어려움과 장애를 극복하였다. 이 '삼부작'이라는 한 단계 한 단계의 실행에 따라, 사람들은 변화를 보게 되었고, 평등하다고 느끼게 되었으며 처음에는 이해하지 못하다가 지금은 학부모와 사회의 전폭적인 지지를 받는 것으로 바뀌게 되었다. (또한) 둥펑에서는 교사를 존경하고 교육을 중시하는 것이 널리 퍼지게 되었다. 올해, 전체 현에서 95만9천 위안의 기부금을 받았고, 어려운 441명의 학생을 지원했다. 현 위원회 서기인 텅바오춘은 기자에게 "둥펑에서는 누가 벼슬이 높은지 누가 돈이 많은지 비교하지 않고, 어떤 집이 교육을 중시하는지 누구 집의 아이가 장래성이 있는지를 비교한다!"라고 말했다.

교육은 우수한 인재를 배양하고 소양을 갖춘 국민을 기르는 것으로 이는 국가의 미래와 희망과 관련이 있는 것이다. 우리의 의무 교육은 응당 모든 아이가 평등하게 배우고, 학부모가 이것 때문에 괴롭거나 사회가 이것 때문에 걱정하지 않도록 해야 한다. 이 점을 둥펑이 해낸 것이다.

12과

본문
90허우 새로운 선택 '반취업상태', 오전 9시 출근, 오후 5시 퇴근할 필요 없어

올해 전국 대학교 졸업생의 수가 처음으로 700만 명 선을 넘어 역사상 가장 높은 기록을 세웠고, (이에) 취업 스트레스도 더욱 커지게 되었다. 매년 9월에서 10월은 대학의 올해 졸업생이 취업을 하는 마지막 절정기로, 적지 않은 '90허우'인 대학 졸업생들은 자유롭게 원고를 쓰거나 온라인샵을 열거나 가정교사를 하거나 피아노를 가르치는 것을 하기 시작했는데, (이렇듯) 반취업상태는 특기나 기술을 가진 인재의 새로운 취업 형식이 되고 있다.

산시 여행직업학교를 졸업한 왕원루는 이미 집에서 빈둥거린 지 1년이 넘었는데, 계속해서 마음에 드는 일을 찾지 못해 그녀는 먼저 '숨을 돌리자'란 생각을 하게 되었다고 한다. "지금의 상황을 보면 적합한 일을 찾는 게 너무 어렵다. 나는 인터넷에 작은 샵을 열려고 하는데, 시간이 있을 때 충전을 좀 더 하려고 한다."고 했다. 한편 다퉁대학을 졸업한 위팅팅은 학교의 여러 방면에서 뛰어났으나 학교의 지명도가 높지 않다 보니 이런저런 어려움을 겪었다. 친구가 그녀에게 단기적인 일을 소개했는데, 바로 통역이었다. 뛰어난 외국어 실력에 힘입어 그녀는 이 일을 금방 마무리하였는데, (이때) 보수가 1,000위안이었다. 이 일로 그녀는 문득 "왜 내가 꼭 회사에 가서 취직을 해야 하는가?"하는 생각을 하게 되었다. (앞으로도) 간혹 그녀는 결혼식 사회를 보는 등의 고정적이지 않은 자유로운 일을 할 것이다. 비록 안정적이지는 않지만, 그러나 매달 적지 않은 수입이(기 때문이)다. "과거와 비교하면 생활도 아주 재미있어졌다."라고 하며 위팅팅은 "그러나 저는 평생을 이러한 임시직을 하지는 않을 거고, 앞으로 가능하다면 통역회사를 열고 싶다. 지금 나는 일어도 배우고 있는데, 젊었을 때 좀 더 많이 배우려고 한다."고 했다.

산시대학 철학사회학 대학 강사인 리쥐안은 "취업 형식이 지금 다각적으로 발전하고 있어 반취업상태는 새로운 추세가 되고 있다. 그 원인을 살펴보면, 첫째, 매년 수백만 명의 대학생이 물 밀 듯이 직장으로 향하니 구직 경쟁 스트레스가 커지고, (또) 자기가 만족하는 일을 찾는 게 너무 어렵다. 둘째, 구직자의 취업 관념과 형식에 변화가 생겨 현재 대학생들은 취업할 때 자신의 흥미나 좋아하는 것을 더 많이 고려하게 되었다. 셋째, 사회가 노동에 대한 수요의 다양성을 나타내어 이것은 반취업상태 취업자의 출현에 시장 공간을 제공한다."고 했다.

반취업상태는 실업이 아니고 취업(의 한 형태)이고 심지어 창업이며, 새로운 시대가 만들어낸 새로운 취업 형식이다. 이러한 취업 형식은 '정식 취업'을 효과적으로 보충하는 것으로 노동 공급방식을 풍부하게 하여 취업 스트레스를 분산시키고 사회적 근심을 줄이니 경제에 활력을 불어넣는 것이라고 할 수 있다.

연습문제
① 1. O   2. X   3. O   4. X
　 5. O   6. X   7. X   8. O
② 1. 茅塞顿开 2. 报酬 3. 充电 4. 拥有
　 5. 多元化 6. 高峰期 7. 压力 8. 突破

해석 및 정답

9. 碰壁　　10. 转变

③ 1. 拥有专长和技术的人。
2. 在网上先开个小店，有空的时候再充充电。
3. 和过去相比，生活也变得很有趣味。
4. 一、大学生增多，找到自己满意的工作很难。
   二、就业观念和形式发生转变，他们更多考虑自己的兴趣、爱好。
   三、社会对劳务的需求多样化。
5. 丰富了供给方式，分流了就业压力，减缓了社会焦虑，为经济注入了活力。

실력 보태기
'반취업상태' 뒤의 숨겨진 그늘

반취업상태로 일하는 많은 사람을 취재한 후 기자는 많은 사람들의 마음속에 안정감이 부족하다는 것을 분명히 느낄 수 있었다. 비록 어떤 사람은 매달 버는 돈이 회사에서 일하는 것과 비슷하거나 심지어 더 많은데도 "언제까지 할 수 있을지 모르겠다."라는 말을 자주 들었으니 분명한 것은 이것이 그들의 최종 목표는 아닌 것이다.

양취안시 쾅구에 사는 차오옌메이 여사는 딸 샤오징이 본인의 '자유 취업자'의 생활을 누리고 있는데, 일하는 시간이 자유롭고 아침 9시 출근, 오후 5시 퇴근의 정해진 사무실 생활을 할 필요가 없다고 했다. 그녀는 자주 인터넷 매체의 원고를 살펴보고 적당한 소재를 선택하여 투고를 한다고 한다. (그러나) 샤오징의 유유자적한 생활에 대해 차오여사는 오히려 "마음이 어수선하다." "4대 보험도 없고, 늘 의지할 곳이 없다."고 하며, 게다가 어느 때는 원고료도 순조롭게 받을 수 있는지도 걱정스럽다고 했다. 이에 대해 리쥐안은 고용하는 직장과 노동 관계가 있기만 하면 반드시 노동 계약을 체결해야 한다고 했다. 만약 노동 계약이 없다면 쌍방에 계약 관계가 성립되지 않아 노동자의 권익은 유용한 보호를 받기 어렵(기 때문이)다.

"내(가 가르치는) 그림반도 상당히 인기가 있어서 돈도 상당히 벌고, 아주 자유롭다. 많은 샐러리맨보다 좋은데, 우리 집은 허락을 하지 않는다." 시안 중외합작 직업학교를 졸업한 궈신은 가족의 이해를 받지 못하는 생활을 하고 있다. "그들은 (내가) 본업을 하는 게 아니라서 안정된 일을 찾아야 한다고 여전히 생각한다. 우리 엄마는 늘 내게 만약 병이 나면 어떻게 할 거냐, 늙으면 어떻게 할 거냐, 일을 못 맡으면 어떻게 할 것이냐 등을 물으신다. 현재 취업 스트레스가 이렇게 크고 안정한 일도 찾기 어려우니 나도 어떨 때는 장래를 생각하면 상당히 괴롭다."라고 했다.

시장 경제는 시장에서부터 노동력 자원이 조정되는 것으로, 반취업상태의 취업자가 취업 상황에 적극적으로 직면해서 돌파구를 찾는 등 자신의 힘으로 생활하려는 태도와 시장 정신이 서로 부합하게 되는데, 이 낙관적인 태도와 노력하는 정신은 인정할 만하다. 고등교육 대중화의 심도 있는 발전에 따라 대학 졸업생 중의 반취업상태는 더욱 늘어날 것이고, 아마도 앞으로는 일반적이지 않은 상태에서 일반적인 상태로 변화할 것이다.

그러나 현재 반취업자 뒷면의 권익 보장은 부족한데, 사회가 충분한 이해나 지지가 부족한 것도 의심할 여지 없는 사실이다. 리쥐안은 "반취업상태는 정부 관리가 쉽지 않아 취업자의 개인적인 사회 보장이 충분하지 않다. 반취업자라고 불리는 이유는 그들의 직업 상태가 아직 정부 관련 부서의 통계나 기록 혹은 기타 노동이나 취업을 관리하는 형식 중에 반영되지 않았기 때문이다. 만약에 취업 통계가 취업 형식의 변화에 따라 조정될 수 있다면 '반취업상태'도 아마 '정식 취업'이 되는 것이다. 만약에 사회의 보장 방식이 각각의 종류의 취업자의 필요를 고려할 수 있다면 아마도 이러한 취업자의 사회 보장도 문제가 되지 않을 것이다."라고 말했다.